낭만시를 읽다

강문순·유정화·조애리
엮음

부북스

차례

미국시

문학 사조로서 영국 낭만주의는 고전주의 문학에 대한 전반적인 반발이며 산업혁명, 미국 독립전쟁, 프랑스 혁명이 가져온 사회, 경제, 정치적 변혁과 그 맥락을 같이 한다. 혁명에 대한 기대가 상승하던 1798년 워즈워스(William Wordsworth)와 코울리지(Samuel Taylor Coleridge)는 공저로 《서정담시집》(Lyrical Ballads)을 출판하였는데 이 시집은 영국 낭만주의 문학의 시작을 알리는 선언서와도 같았다. 이들은 문학적 관습과 이성, 적확한 표현, "적정률"(decorum)을 중시하던 18세기 신고전주의 문학의 전통에 반발하여 시를 자연의 모방이 아니라 시인의 내적 감정의 표출로 정의했으며 "시적 언어"(poetic diction)가 아니라 평범한 사람들이 실제 생활에서 쓰는 말이 시에 더 적합하다는 가정에서 출발했다. 워즈워스와 코울리지의 뒤를 이은 제 2세대 낭만주의 시인에는 바이런, 셸리, 키츠가 속하는데, 이들은 사회의 억압적인 관습에 저항하고 인간의 자유를 추구했으며 현실에서 이룰 수 없는 이상 및 무한한 도전에 대한 동경을 그렸다. 이들은 상상력을 통해 현실에서 벗어나 이상세계를 추구하면서도 인간이 느낄 수 있는 감각적인 아름다움을 매우 구체적으로 묘사해냈다.

이 책에서 역자들이 낭만시라고 할 때는 영국의 낭만주의 시
인들이 쓴 시에만 국한하지 않고 낭만적인 시가 보이는 특징을 지
닌 시를 광범위하게 지칭했다. 따라서《낭만시를 읽다》에는 문학
사조로 낭만주의에 속하는 시들도 있지만 영국시로는 셰익스피어
에서 예이츠까지, 미국시로는 브래드스트리트에서 밀레이까지 "낭
만적"으로 분류될 수 있는 시들이 실려 있다. 이 시들에는 기존 관
습에 대한 도전뿐만 아니라 자아를 넘어서는 새로운 자아와 새로
운 사회에 대한 꿈이 담겨있기도 하다. 또한 이 시들이 노래하는
사랑 속에는 자아와 시간에 대한 성찰과 때로는 이루지 못한 소
망에 대한 안타까움이 담겨 있다. 이를 통해 시인들은 기존 사회
에 대해 통렬히 비판하기도 하고, 자아의 어우러짐을 바탕으로 한
사회를 꿈꾸기도 한다. 따라서 이 시들은 인간이란 무엇인지를 보
여주고 있다고 할 수 있다. 인간은 늘 새로운 세계를 꿈꾸고 타자
의 아픔에 공감하고 사랑으로 인하여 더 나은 자아가 되는 존재
임을 이 시들 속에서 확인할 수 있다. 이것이 역자들이 낭만시를
번역하게 된 이유이기도 하다. 독자들이 이런 시들과의 만남을 통
해 인간에 대한 신뢰가 다시 깊어지고 잠시 잊었던 꿈을 생생히 떠
올렸으면 한다.

영국시

Sonnet 18

—William Shakespeare (1564-1616)

Shall I compare thee to a summer's day?

Thou art more lovely and more temperate:

Rough winds do shake the darling buds of May,

And summer's lease hath all too short a date:

Sometime too hot the eye of heaven shines,

And often is his gold complexion dimmed,

And every fair from fair sometime declines,

By chance, or nature's changing course untrimmed:

thee: 2인칭 단수 목적격 대명사 you의 옛 형태.

thou-thy(or thine)-thee-thine은 각각 주격-소유격-목적격-소유대명사인 you-your-you-yours의 옛 형태

art: be 동사 2인칭 단수 현재시제인 are의 옛 형태 / hath: has의 옛 형태

5행의 sometime은 때때로, 7행의 sometime은 언젠가

every fair from fair: 앞의 fair는 아름다움을 뒤의 fair는 아름다운 것이나 아름다운 사람을 나타냄.

소네트 18

—윌리엄 셰익스피어

그대를 여름날에 비할까요?
당신이 더 사랑스럽고 온화하지요.
거센 바람에 오월의 소중한 꽃망울은 흔들리고
여름의 기한은 너무 짧아요.
하늘의 태양도 때론 너무 뜨겁고
그 황금빛 안색 또한 종종 어두워진답니다.
우연이나 어김없이 변화를 가져오는 자연의 과정에 의해
모든 아름다운 이의 아름다움은 언젠가는 기울고 말지요.

But thy eternal summer shall not fade,

Nor lose possession of that fair thou ow'st,

Nor shall death brag thou wand'rest in his shade,

When in eternal lines to time thou grow'st,

So long as men can breathe or eyes can see,

So long lives this, and this gives life to thee.

ow'st: owest의 축약형. owest는 ownest. ownest는 own의 옛 형태. '를 이용하여
모음을 줄이는 것은 시의 운율을 맞추기 위한 것

wand'rest: wanderest의 축약형

grow'st: growest의 축약형으로 graft(접목하다)의 뜻

lines: 시를 의미. 제유(synecdoche)의 한 예.

그러나 그대의 영원한 여름 같은 아름다움은 수그러들지 않으며
그대가 지닌 그 아름다움을 잃지도 않을 거예요.
그대, 영원한 시 안에서 시간에 접목된다면
죽음도 그 그늘 아래에서 그대가 떠돈다고 떠벌리지 못할 겁니다.
인간이 숨을 쉬고 눈으로 볼 수 있는 한
이 시는 오래 살아남아 그대에게 영원한 생명을 줄 것이니.

윌리엄 셰익스피어는 영국 르네상스 시대의 가장 중요한 극작가이며 시인이다. 희극, 비극, 역사극, 로맨스극 등 40편에 달하는 극작품을 썼고, 그의 작품은 전 세계의 극장에서 꾸준히 상연되고 있으며 영화로도 계속 만들어지고 있다. 불후의 명작과 더불어 인생의 본질을 꿰뚫는 명구(purple patches)들이 끊임없이 입에서 회자되는 가장 뛰어난 작가다. 154편의 소네트를 썼으며 그중 18번은 영원히 시들지 않는 아름다움을 지닌 사랑하는 이(그의 후원자인 사우샘프턴 백작)를 찬양하는 시다. 그러나 그의 아름다움은 셰익스피어의 시에서 노래될 때에만 영원한 생명을 누릴 수 있다고 한다. 결국 자신의 시의 영원성을 노래한 시다.

Sonnet 116

—William Shakespeare (1564-1616)

Let me not to the marriage of true minds

Admit impediments. Love is not love

Which alters when it alteration finds,

Or bends with the remover to remove:

O no! it is an ever-fixed mark

That looks on tempests and is never shaken;

It is the star to every wandering bark,

Whose worth's unknown, although his height be taken.

Love's not Time's fool, though rosy lips and cheeks

Within his bending sickle's compass come:

Love alters not with his brief hours and weeks,

But bears it out even to the edge of doom.

   If this be error and upon me proved,

   I never writ, nor no man ever loved.

remover: 사랑을 없애려하는 사람이나 물건.

star: 북극성을 의미. 변함없는 자리를 지키고 있는 북극성은 길을 잃은 배들에게 길을 안내해 주는 중요한 역할을 할 뿐 아니라 흔들림 없는 사랑을 표현하는 좋은 메타포다.

Time's fool: 시간을 의인화한 표현. 시간의 놀림감이 된다는 말은 시간의 흐름에 따라 변화를 받아 시간의 지배하에 놓인다는 뜻

his: 시간의 의인화

소네트 116

―윌리엄 셰익스피어

진실된 마음의 결합은 장애물을 용납하지 않으리
변화가 생긴다고 해서 바뀌고
배반당한다고 해서 그 사랑을 버리려 든다면
그 사랑은 사랑이 아니니까.
오, 그렇지 않으리! 사랑은 폭풍을 내려 보면서도
결코 흔들리지 않는, 늘 한결같은 이정표.
사랑은 길 잃은 배들에게, 그 높이는 헤아릴 수 있어도
그 가치는 이루다 알 수 없는 북극성과 같은 것.
장밋빛 입술과 뺨은 비록 시간의 낫에 베일 수 있다 해도
사랑은 시간의 지배를 받지 않으니,
사랑은 시간의 짧은 흐름에 따라 변하지 않고
운명이 다할 때까지 그 진실함을 보여주는 것.
　이 말이 거짓이고, 그렇게 밝혀진다면
　이 몸은 시를 쓴 적 없고, 이제껏 사랑을 해 본 이도 없도다.

소네트 18번, 130번과 더불어 가장 많이 애송되는 시다. 진정한 사랑은 어떠한 상황에서도, 심지어 시간의 흐름 속에서도 변하지 않는 영원한 것이라고 노래하며 사랑의 본질을 불변성으로 정의한다.

Sonnet 130

—William Shakespeare (1564-1616)

My mistress' eyes are nothing like the sun,

Coral is far more red, than her lips red,

If snow be white, why then her breasts are dun:

If hairs be wires, black wires grow on her head:

I have seen roses damasked, red and white,

But no such roses see I in her cheeks,

And in some perfumes is there more delight,

Than in the breath that from my mistress reeks.

I love to hear her speak, yet well I know,

That music hath a far more pleasing sound:

I grant I never saw a goddess go,

My mistress when she walks treads on the ground.

   And yet by heaven I think my love as rare,

   As any she belied with false compare.

dun: 회갈색 / wire: 철사가 아니라 섬세하고 고운 실을 의미 / damask: 양면에 무늬가 드러나게 짠 두꺼운 직물 / reek: 악취를 풍기다라는 뜻 보다는 냄새가 나다 정도로 해석. / she: woman / belie: 잘못 나타내다, 거짓임을 보이다

false: 잘못된, 우스꽝스러운 / compare: 비유

소네트 130

―윌리엄 셰익스피어

내 애인의 눈은 태양처럼 빛나지 않소.

산호가 그녀의 입술보다 훨씬 더 붉다오.

눈은 희지만 그녀의 가슴은 웬일인지 회갈색이요.

머리카락이 실이라면 그녀의 머리카락은 검은 실이요.

붉고도 흰 장미를 보았소,

그러나 그런 장미를 그녀의 뺨에서는 보지 못한다오.

내 애인의 입 냄새보다는

향수의 향이 더 좋다오.

그녀가 말하는 것을 듣는 것도 즐겁지만

음악 소리가 훨씬 더 듣기 좋다는 것을 안다오.

여신이 걷는 모습을 본 적은 없소이다만

내 애인은 걸을 때 땅을 밟지요.

　하지만 맹세코, 거짓된 비유로 잘못 묘사된

　그 어느 여인 못지않게 내 사랑하는 여인이 내게는 귀하다오.

르네상스기 소네트의 관습 중 하나는 금발에 흰 피부를 지닌 여인의 아름다움을
찬미하는 것이었다. 소네트에서 노래하는 여인의 아름다움은 현실적인 여인의 아
름다움이 아니라 천상의 여신이 지닌 아름다움으로 그려졌다. 그러나 셰익스피어
는 금발에 흰 피부를 지닌 여인 대신 검은 머리에 피부색이 어두운 여인의 지극히
현실적인 외양을 노래함으로써 당대의 소네트의 관습을 전복시킨다.

One Day I Wrote Her Name upon the Strand

—Edmund Spenser (1552-1599)

One day I wrote her name upon the strand,

But came the waves and washed it away:

Again I wrote it with a second hand,

But came the tide, and made my pains his prey.

"Vain man," said she, "that dost in vain assay

A mortal thing so to immortalize.

For I myself shall, like to this, decay,

And eek my name be wiped out likewise."

"Not so," quoth I, "let baser things devise

To die in dust, but you shall live by fame:

My verse your virtues rare shall eternize,

And in the heavens write your glorious name,

Where whenas death shall all the world subdue

Our love shall live, and later life renew."

strand: 바닷가, 백사장 / vain: 헛된 / assay: 수고, 노력 / subdue: 굴복시키다

어느 날 바닷가 백사장에 그녀 이름 썼더니

—에드먼드 스펜서

어느 날 바닷가 백사장에 그녀 이름 썼더니,
파도가 밀려와 지워 버렸네.
다시 한 번 그녀 이름 써 보았지만,
파도가 밀려와 내 수고가 부질없어졌네.
그녀 말하길 "어리석은 분이시여, 헛수고 마세요.
덧없는 것을 영원한 것으로 만들려고 하시다니.
저 자신도 이처럼 스러져 가고,
제 이름 또한 마찬가지로 씻겨갈 거예요."
나는 대답했네. "그렇지 않소. 천한 것들 죽어
흙이 된들 어떠랴마는 내 그대 명예롭게 영원토록 살아남게 하리다.
나의 시가 그대의 귀한 미덕 영원케 하여,
하늘에 그대의 빛나는 이름 써놓으리다.
죽음이 온 세상을 지배한다 해도
우리 사랑 살아남아 새로운 삶을 살 것이오."

에드먼드 스펜서는 르네상스 시대를 대표하는 영국 시인이다. 1579년부터 1596년 사이에 대표작 엘리자베스 여왕을 찬미하는 《선녀여왕 *The Faerie Queen*》을 발표하였다. "어느 날 바닷가 백사장에 그녀 이름 썼더니"는 1595년에 발표한 소네트 집 《연가 *Amoretti*》에 수록된 작품이다. 《연가》는 스펜서의 두 번째 아내가 된 엘리자베스 보일(Elizabeth Boyle)을 향한 스펜서의 구애과정을 읊은 88편의 연작 소네트이다. 백사장에 쓴 이름이 파도에 쉽게 지워지듯 육신과 명성도 시간이 지나면 사라지겠지만 시라는 예술 작품 안에서는 죽지 않고 영원히 살 수 있을 것이라는 믿음을 표현하고 있다. 시간이라는 거역할 수 없는 힘 앞에서 죽을 수밖에 없는 것이 인간이라는 존재며 인간 삶의 조건이지만 시인은 인간을 예술작품 속에서 영원토록 살게 하려는 문학적 상상력을 통해 인간의 유한성을 극복하려 한다.

My Love Is Like to Ice

—Edmund Spenser (1552-1599)

My love is like to ice, and I to fire:
How comes it then that this her cold so great
Is not dissolved through my so hot desire,
But harder grows the more I her entreat?
Or how comes it that my exceeding heat
Is not allayed by her heart-frozen cold,
But that I burn much more in boiling sweat,
And feel my flames augmented manifold?
What more miraculous thing may be told,
That fire, which all things melts, should harden ice,
And ice, which is congeal'd with senseless cold,
Should kindle fire by wonderful device?
Such is the power of love in gentle mind,
That it can alter all the course of kind.

tell: 헤아리다, 분별하다 / congeal: 동결하다, 굳히다 / senseless: 매정한, 감각
을 마비시키는

내 사랑하는 이는 얼음과 같고

—에드먼드 스펜서

내 사랑하는 이는 얼음과 같고 나는 불과 같네,
어찌하여 그토록 차가운 그녀의 마음이
이토록 뜨거운 나의 욕망에 녹지도 않고,
내 사랑이 더 간절해질수록 오히려 더 단단해져만 가는가?
또한, 어찌해서 이토록 뜨거운 나의 열정이
얼어붙은 그녀 마음의 냉기에도 식지 않으며,
오히려 내 가슴 더욱 달아오르게 해 나 땀 뻘뻘 흘리며,
더욱 더 세게 타오르는 불길을 느끼게 하는가?
이보다 더한 어떤 기적이 있어,
만물을 녹이는 불이 얼음을 더 단단하게 하고,
매정한 냉기로 굳어가는 얼음이
놀라운 솜씨로 불을 타오르게 하랴?
이런 것이 고상한 이들 속에 존재하는 사랑의 위력이어서
세상이 돌아가는 모든 이치를 바꿀 수 있도다.

"내 사랑하는 이는 얼음과 같고"는 에드먼드 스펜서가 1595년에 발표한 소네트 집 《연가 *Amoretti*》에 수록된 작품이다. "내 사랑하는 이는 얼음과 같고"에서 남자의 불같은 사랑으로는 얼음 같은 여자의 마음을 녹이지 못하고 오히려 더 단단하게 만든다. 마찬가지로 얼음같이 차가운 여자의 마음은 불같이 열정적인 남자의 사랑을 식히지 못한다. 오히려 기름을 붓듯 남자의 마음은 더 강렬하게 타오른다. 시인은 사랑이라는 신비롭고도 오묘한 감정은 불과 얼음의 자연적 속성마저도 바꾸어버린다고 노래하고 있다.

Come Live with Me and Be My Love

—Christopher Marlowe (1564-1593)

Come live with me and be my love,
And we will all the pleasures prove,
That valleys, groves, hills, and fields,
Woods, or steepy mountain yields.

And we will sit upon the rocks,
Seeing the shepherds feed their flocks,
By shallow rivers, to whose falls
Melodious birds sing madrigals.

And I will make thee beds of roses,
And a thousand fragrant posies,
A cap of flowers and a kirtle
Embroider'd all with leaves of myrtle:

steepy mounts: 가파른 산 / madrigals: songs. 짧은 가곡. 소연가.
posies: posy. 꽃다발.

이리 와 내 사랑이 되어 함께 살아요

—크리스토퍼 말로우

이리 와 내 사랑이 되어 함께 살아요.
골짜기와 숲과 언덕과 들판,
수풀과 가파른 산들이 베풀어주는
온갖 즐거움을 함께 누려요.

바위에 함께 앉아,
양을 치는 목동들을 함께 바라보아요.
그 곁에서 얕은 강물 흘러가는 소리에 맞춰
새들이 아리따운 노래를 부른답니다.

장미꽃 침대를 만들어 줄게요.
수없이 많은 향기로운 꽃다발도요,
꽃 모자와 도금양 잎을 엮어 짠
옷도 만들어 줄게요.

A gown made of the finest wool,
Which from our pretty lambs we pull;
Fair lined slippers for the cold,
With buckles of the purest gold:

A belt of straw and ivy buds,
With coral clasps and amber studs;
And if these pleasures may thee move,
Come live with me and be my love.

The shepherd swains shall dance and sing
For the delight each May morning;
If these delights thy mind may move,
Then live with me and be my love.

kirtle: (중세의) 여성용 가운 / myrtle: (식물) 도금양
swain: 시골 젊은이 (멋쟁이)

잠옷은 어여쁜 양에서 자란
제일 부드러운 털로 만들어 주고,
추울 때 신을 안감 넣은 덧신에는
순금 죔쇠 장식을 달아줄게요.

허리띠는 밀짚과 어린 담쟁이로 엮어
산호 고리와 호박 단추로 장식을 달게요.
이런 즐거움이 그대 마음에 들면
이리 와 내 사랑이 되어 함께 살아요.

오월의 아침마다 목동들이 춤추고 노래할 거예요.
그대를 즐겁게 하기 위해서지요.
이런 즐거움이 그대 마음을 움직이면
어서 와 내 사랑이 되어 함께 살아요.

셰익스피어와 같은 해에 태어난 시인이며 극작가인 크리스토퍼 말로우는 선술집
에서 벌어진 싸움에 휘말려 이른 나이에 생을 접지 않았더라면 셰익스피어에 버
금가는 위대한 문학적 업적을 남길 수 있었을 것이란 평가가 있다. "이리 와 내 사
랑이 되어 함께 살아요"는 이상향으로 묘사되는 시골에서의 평화로운 삶을 소망하
고 있는 전원시(pastoral)다.

The Flea

—John Donne (1572-1631)

Mark but this flea, and mark in this,

How little that which thou deniest me is;

It suck'd me first, and now sucks thee,

And in this flea our two bloods mingled be.

Thou know'st that this cannot be said

A sin, nor shame, nor loss of maidenhead;

   Yet this enjoys before it woo,

   And pamper'd swells with one blood made of two;

   And this, alas ! is more than we would do.

that: which~me의 수식을 받는 대명사

suck'd: sucked의 축약형. 17세기에 s의 인쇄체는 f와 유사했다. 성적 함의를 짙게 담고 있다.

our two bloods mingled be: 17세기 유럽인들은 남녀가 성행위를 하면 두 사람의 피가 섞인다고 믿었다.

line 5의 this: 남녀의 피를 벼룩이 빨아 먹은 것 / line 7의 this: the flea

pamper'd swells: 배불리 먹어 배가 부풀어 올랐다. 성행위 이후의 임신을 암시하는 표현

벼룩

―존 단

이 벼룩을 잘 보시오, 그리고 이 벼룩 안에서
그대가 내게 거절한 것이 얼마나 사소한 것인지를 잘 보시오.
그놈이 먼저 내 피를 빨더니 이제는 그대 피를 빠는구려.
우리 두 사람의 피가 벼룩 안에서 섞이는데
이것을 죄라든가, 수치라든가, 처녀성 상실이라고
할 수 없다는 것을 그대 이제는 알았겠구려.
　이놈은 구애도 하기 전에 즐기기부터 하고
　우리 두 사람의 피가 섞여 하나 된 피로 배불러 몸이 부풀어 오르니
　아! 이것은 우리가 원하던 것 이상이라오.

O stay, three lives in one flea spare,

Where we almost, yea, more than married are.

This flea is you and I, and this

Our marriage bed, and marriage temple is.

Though parents grudge, and you, we're met,

And cloister'd in these living walls of jet.

    Though use make you apt to kill me,

    Let not to that self-murder added be,

    And sacrilege, three sins in killing three.

three lives: 피를 생명으로 확대해석해서 벼룩의 몸에는 벼룩뿐 아니라 남자와 여자의 생명도 함께 있다는 과장법

living walls of Jet: 흑옥빛의 살아있는 벽은 벼룩을 의미 / use: 관습

sacrilege: 세 생명을 죽이는 세 번의 범죄가 신성모독이 되는 것은 3이라는 숫자가 갖는 내연의 의미 때문이다. 3은 삼위일체 하나님, 즉 성부, 성자, 성령을 연상시킨다

오, 멈추시오, 한 마리 벼룩 속에 있는 세 목숨을 살려주시오.
그 벼룩의 몸속에서 우리는 혼인 했소, 아니 혼인보다 더한 것을 하였소.
이 벼룩은 그대이고 나요, 이 벼룩은
우리가 혼인을 한 성전이오, 우리의 첫날밤 침상이오.
그대와 그대의 부모님은 마뜩잖아 해도, 우리는
이 흑옥빛의 살아있는 벽 속에서 만나 은거 했소.
　관습에 따라 그대는 날 죽이고 싶어 하겠지만
　날 죽이면서 자살까지 하지는 마시오.
　그리고 세 생명을 죽여 세 가지 죄를 범하는 신성모독도 범하지 마시오.

Cruel and sudden, hast thou since

Purpled thy nail in blood of innocence?

Wherein could this flea guilty be,

Except in that drop which it suck'd from thee?

Yet thou triumph'st, and say'st that thou

Find'st not thyself nor me the weaker now.

   'Tis true ; then learn how false fears be ;

   Just so much honour, when thou yield'st to me,

   Will waste, as this flea's death took life from thee.

purple: 자줏빛으로 물들이다

nail: 여기서는 여자의 손톱을 의미. 못 nail과의 pun을 이용한 기법. nail과 blood, innocence가 결합되면 예수의 십자가형을 나타냄. / suck'd: sucked

triumph'st: triumphest, triumph 의 2인칭 단수 동사의 옛 형태

say'st: sayest, say 의 2인칭 단수 동사의 옛 형태

find'st: findest, find의 2인칭 단수 동사의 옛 형태

'Tis: It is의 축약형. 모음 I를 생략함으로써 음절 수를 줄인다. 음절 수를 줄이는 이유는 운율을 맞추기 위해서다.

yield'st: yieldest, yield의 2인칭 단수 동사의 옛 형태

잔인하고도 갑작스럽게,
무고한 피로 그대 손톱을 자줏빛으로 물들였소?
그대로부터 빨아먹은 한 방울의 피 외에
이 벼룩이 도대체 무슨 죄를 지었단 말이오?
그러나, 그대나 내가 전혀 미약해지지 않았다고
그대 의기양양하게 말하는구려.
　　맞소이다, 그러니 그대의 두려움이 얼마나 거짓된 것인지를 깨달으시오.
　　이 벼룩의 죽음이 그대로부터 빼앗아간 생명이 있다면
　　그대 내게 몸을 허락할 때 정절도 바로 그 생명만큼만 소모될 것이니.

존 단은 17세기 영국의 형이상학시를 대표하는 시인이다. 형이상학시는 시인의 넓은 학식을 바탕으로 지적이고 파격적인 심상들을 시에 광범위하게 도입하고 서로 관련성이 없어 보이는 대상들을 비유하는 기상(conceit)이 가장 큰 특징이다. 이 시는 형이상학시의 특징을 잘 보여주면서 동시에 극적 독백(Dramatic Monologue)의 기법으로 쓰였으므로 시를 읽는 독자의 편에서는 감성뿐 아니라 지성의 노력을 기울여야 시를 제대로 이해할 수 있다.

A Valediction: Forbidding Mourning

—John Donne (1572-1631)

AS virtuous men pass mildly away,
    And whisper to their souls to go,
Whilst some of their sad friends do say,
    "Now his breath goes," and some say, "No."

So let us melt, and make no noise,
    No tear-floods, nor sigh-tempests move;
'Twere profanation of our joys
    To tell the laity our love.

Moving of th' earth brings harms and fears;
    Men reckon what it did, and meant;
But trepidation of the spheres,
    Though greater far, is innocent.

valediction: 고별사 / whilst: while의 옛 형태 / 'Twere: It were 의 축약형
laity : 성직자가 아닌 일반신도, 평신도
th' earth: th'는 the 의 축약형으로 모음 e를 생략함으로써 음절 수를 줄일 수 있
게 된다 / meant: (결과로)초래했다 trepidation: 두려움이라는 의미가 아니라
oscillation 즉 진동의 뜻 / spheres: 천구(天球)

고별사: 애도를 금하며

—존 단

슬퍼하는 친구들 "지금 숨이 넘어가고 있어"
　　또 다른 이는 "아직 아니야"라고 말할 때,
고매한 사람들 조용히 숨을 거두며
　　자신의 영혼에게 자 이제 가자고 속삭이듯이,

그렇게 우리도 녹아들어 아무 소리도 내지 맙시다.
　　눈물의 홍수도 한숨의 폭풍도 일으키지 맙시다.
일반신도들에게 우리 사랑 알게 하면
　　그것은 우리의 기쁨을 모독하는 것이니.

지진은 재해와 공포를 가져오고
　　사람들은 그 피해와 의미를 헤아리오.
그러나 천구의 흔들림은 그 규모가 훨씬 더 거대하지만
　　아무런 피해도 끼치지 않소.

Dull sublunary lovers' love

    —Whose soul is sense—cannot admit

Of absence, 'cause it doth remove

    The thing which elemented it.

But we by a love so much refined,

    That ourselves know not what it is,

Inter-assurèd of the mind,

    Care less, eyes, lips and hands to miss.

Our two souls therefore, which are one,

    Though I must go, endure not yet

A breach, but an expansion,

    Like gold to aery thinness beat.

If they be two, they are two so

    As stiff twin compasses are two;

Thy soul, the fix'd foot, makes no show

    To move, but doth, if th' other do.

'cause: because의 축약형 / element: 구성하다 / soul: 본질

doth: does의 옛 형태 / endure: 견디다 / fix'd: fixed의 축약형

th' other: e 생략형으로 음절 수를 줄임

우둔한 속세의 연인들이 하는 사랑은
    (그들 사랑의 정수는 감각에 있기에) 서로의 부재를
받아들이지 못하오.
    부재가 그들 사랑을 이루고 있는 것들을 없애기 때문이오.

그러나 그 사랑이 어떤 사랑인지도 모를 정도로
    그토록 정제된 사랑을 하는 우리,
서로의 마음을 확신하니
    눈, 입술, 손이 멀어진다 한들 개의치 않소.

우리 두 영혼은 하나여서, 그러므로
    나 비록 떠나야 하지만, 우리
단절을 견뎌야 하는 것이 아니라
    두드려 공기처럼 얇게 펴진 금박 같은 확장을 경험하리니.

우리의 영혼이 둘이라면
    마치 꼭 닮은 컴퍼스의 굳건한 다리가 둘인 것처럼 그렇게 둘이오.
그대의 영혼은 고정된 다리여서, 전혀 움직이지 않으나
    다른 짝이 움직이면 움직이오.

And though it in the centre sit,
    Yet, when the other far doth roam,
It leans, and hearkens after it,
    And grows erect, as that comes home.

Such wilt thou be to me, who must,
    Like th' other foot, obliquely run;
Thy firmness makes my circle just,
    And makes me end where I begun.

hearken: 귀를 기울이다 / wilt: will의 2인칭 단수 형태 (주어가 thou 일 때)
obliquely: 비스듬히, 기울어져서
makes me end where I begun: 시작한 곳에서 끝맺게 한다는 뜻으로 원을 그리는 다리가 정확하고 완전한 원을 그리게 한다는 의미. 원은 완전성을 상징하며 완전한 사랑을 노래하는 좋은 상징이 된다.

그 다리, 비록 중심에 자리 잡고 있지만
　　다른 짝이 멀리서 배회하면
그 짝을 따라 몸 기울여 경청하다가
　　그 짝이 돌아오면 똑바로 서오.

다른 짝과 같이 몸 기울여 다녀야 하는 내게,
　　당신도 이와 같으리.
그대의 확고부동이 나의 원을 완벽하게 만들고
　　내가 시작했던 곳에서 그 여행을 마치게 한다오.

존 단이 장기 외국여행을 떠나면서 아내에게 남긴 시이며 형이상학적 기상을 가장
잘 보여주는 시이다. 멀리 길을 떠나는 남편과 가정에서 그 남편을 기다리는 아내
의 관계를 컴퍼스 두 다리에 비유한다. 천문학과 연금술, 항해술 등 당대의 새로운
학문적 지식이 모두 망라되어 있다.

To His Coy Mistress

—Andrew Marvell (1621-1678)

Had we but world enough, and time,
This coyness, Lady, were no crime.
We would sit down and think which way
To walk and pass our long love's day.
Thou by the Indian Ganges' side
Shouldst rubies find: I by the tide
Of Humber would complain. I would
Love you ten years before the Flood,
And you should, if you please, refuse
Till the conversion of the Jews.
My vegetable love should grow
Vaster than empires, and more slow;

shouldst: should의 2인칭 단수 형태 (주어가 thou일 때)
Humber: 험버 강. 영국의 동부 Trent강과 Ouse강이 합류하는 곳으로서 시인의
고향에 있는 강이며 인더스 강의 지구 반대편에 위치
the Flood: 성경 창세기에 기록된 노아의 홍수를 지칭
the conversion of the Jews: 성경에 따르자면 유대인의 기독교 개종이 있은 후
에 예수 재림이 이루어진다고 함. 즉 인류의 종말이 거의 임박했을 때 일어날 일
을 지칭

수줍어하는 그의 여인에게

—앤드루 마블

우리에게 충분한 시간과 공간이 있다면
여인이여, 그대의 수줍음은 죄가 되지 않을 거요.
둘이 앉아 어느 길로 갈지 생각하며
긴 사랑의 하루를 흘려 보낼테니.
그대는 인도의 갠지스 강가에서
루비를 찾고, 나는
홈버 강가에서 사랑의 한숨을 지으리.
노아의 홍수가 일어나기 십 년 전부터 나 그대를 사랑하리니,
그대가 원한다면, 유대인이 개종할 그날까지
그 사랑을 거부하시오.
식물과 같은 나의 사랑은
제국보다 더 거대하게 그리고 더욱 서서히 자라나리니.

An hundred years should go to praise

Thine eyes and on thy forehead gaze;

Two hundred to adore each breast,

But thirty thousand to the rest;

An age at least to every part,

And the last age should show your heart.

For, Lady, you deserve this state,

Nor would I love at lower rate.

But at my back I always hear

Time's wingèd chariot hurrying near;

And yonder all before us lie

Deserts of vast eternity.

Thy beauty shall no more be found,

Nor, in thy marble vault, shall sound

My echoing song: then worms shall try

That long preserved virginity,

And your quaint honour turn to dust,

And into ashes all my lust:

The grave's a fine and private place,

But none, I think, do there embrace.

thine eyes: thy와 더불어 thine도 2인칭 단수 소유격으로 쓰임

rate: state, 품격 / yonder: 저기 / vault: 지하 석묘

quaint: 옛스러운, 고리타분한

일백 년이 소요될 거요, 그대의 눈을 찬미하고
그대의 이마를 바라보는 데에만.
한쪽 젖가슴을 흠모하는데 이백 년씩,
나머지 부분을 흠모하는데 삼천 년이 소요되겠지.
각 부분마다 적어도 한 시대가 필요할 것이고
마지막 시기는 그대의 마음을 보는 데 쓸 것이오.
여인이여, 그대는 이만한 위풍에 걸맞기에,
그리고 이보다 못한 품격으로는 나 또한 사랑하지 않을 것이기에.

그러나, 언제나 바로 등 뒤에서 날개 단 시간의 전차가
급히 달려오는 소리가 들린다오.
그리고 저기 바로 우리 앞엔
거대한 영원의 사막이 펼쳐져 있소.
대리석 묘지 안에서는 아름다운 그대 모습 더 이상 볼 수 없으며
내 노래의 메아리도 들리지 않을 것이오.
그토록 오래 지켜온 처녀성은
구더기들이 맛볼 것이고,
그대의 고리타분한 정절 역시 티끌로 변해버려
내 온갖 욕정은 재가 되겠지.
무덤도 괜찮은 곳이고 은밀한 곳이긴 하지만
그러나 내 생각키로 그곳에서 포옹을 하는 이는 아무도 없을 것이오.

Now therefore, while the youthful hue

Sits on thy skin like morning dew,

And while thy willing soul transpires

At every pore with instant fires,

Now let us sport us while we may,

And now, like amorous birds of prey,

Rather at once our time devour

Than languish in his slow-chapt power.

Let us roll all our strength and all

Our sweetness up into one ball,

And tear our pleasures with rough strife

Thorough the iron gates of life:

Thus, though we cannot make our sun

Stand still, yet we will make him run.

transpire: 날아가다, 증산하다 / fire: 열정을 의미 / sport: 즐기다
birds of prey: 맹금(猛禽) / slow-chapt: slow-jawed 턱을 느리게 움직이는
ball: 남성의 성기를 함축하는 단어 / iron gate: 여성의 성기를 함축하는 단어

그러니 이제, 그대 살갗에 젊음의 홍조가

아침이슬같이 덮여있는 동안,

그대의 의욕 넘치는 영혼이

모든 모공에서 순간의 불길 되어 뿜어 나오는 동안,

이제 우리, 즐길 수 있을 때 즐깁시다.

그리고 이제, 턱을 천천히 움직여 먹이를 씹는

시간의 지배 아래서 여위어 가느니

차라리 사랑을 하는 맹금처럼 시간을 당장 집어 삼킵시다.

우리의 힘과 아름다움을 모두

공처럼 똘똘 말아 던져서

거세게 투쟁하며 우리의 기쁨을 작렬케 하고

생명의 철문을 뚫읍시다.

그렇게, 우리 비록 태양을 멈추게 할 수는 없을지라도

태양을 달리게는 할 수 있을 것이오.

앤드루 마블은 17세기 영국의 시인이자 정치인이며 성직자다. 존 단, 조지 허버트와 더불어 형이상학시인으로 알려졌고 존 밀턴과는 정치적 이념을 같이 한 친밀한 사이였다. 밀턴은 왕정복구 이후 마블이 중재해준 덕에 참수의 위험을 피할 수 있었다. 이 시는 carpe diem(seize the day, 현재를 즐겨라) 주제를 다룬 가장 대표적인 영시이며, 삼단논법(만약에~하다면, 그러나~, 그러니~)의 구조로 되어있다

The Sick Rose

—William Blake (1757-1827)

O Rose, thou art sick!
The invisible worm
That flies in the night,
In the howling storm,

Has found out thy bed
Of crimson joy:
And his dark secret love
Does thy life destroy.

thou: 2인칭 단수 주격 / art: be 동사의 2인칭 단수 형태
howling: (폭풍이) 휘몰아치는 / thy: 2인칭 단수 소유격

병든 장미

—윌리엄 블레이크

오, 장미여, 그대 병들었소!
눈에 보이지 않는 벌레가
밤중에, 휘몰아치는
폭풍 속을 날아서

진홍빛 기쁨이 있는
그대의 침상을 찾아냈소.
그리곤, 그의 어둡고 은밀한 사랑이
그대의 생명을 파괴하는구려.

윌리엄 블레이크는 영국 낭만주의의 선구자로서 18세기 말에서 19세기 초까지 작품활동을 한 시인이자 화가, 판화가다. 급진적 사상가였으며 기존의 도덕과 종교적 교리를 뒤엎는 혁명적인 시인이었다. 블레이크의 혁명사상은 자신의 신화체계를 바탕으로 쓰여진 후기시에 더 잘 드러나 있다. 인간 영혼의 상반된 상태를 다루고 있는 초기 시인 《순수의 노래 *Songs of Innocence*》와 《경험의 노래 *Songs of Experience*》 중 후자에 수록되어 있는 이 시는 매우 짧고 단순해 보이지만 다양한 상징적 해석이 가능한 시다.

The Tyger

—William Blake (1757-1827)

Tyger! Tyger! burning bright
In the forests of the night
What immortal hand or eye
Could frame thy fearful symmetry?

In what distant deeps or skies
Burnt the fire of thine eyes?
On what wings dare he aspire?
What the hand dare seize the fire?

And What shoulder, and what art,
Could twist the sinews of thy heart?
And when thy heart began to beat,
What dread hand? and what dread feet?

tyger: tiger / thine: 2인칭 단수 소유격 your의 옛 형태로서 thy와 함께 쓰인다.

호랭이

—윌리엄 블레이크

호랭아! 호랭아! 한밤 숲 속에서
활활 타오르는구나.
어느 불멸의 손, 어느 눈이
무서울 정도로 잘 균형 잡힌 너의 골격을 만들 수 있었을까?

어느 심연, 어느 하늘에서
네 눈의 불길이 타올랐을까?
어느 날개를 타고 그가 감히 하늘로 올라갔을까?
대체 어느 손이 감히 그 불길을 움켜잡았을까?

어느 어깨, 어느 솜씨가
네 심장의 힘줄을 비틀 수 있었을까?
네 심장이 뛰기 시작했을 때
어느 무서운 손이? 어느 무서운 발이?

What the hammer? what the chain?
In what furnace was thy brain?
What the anvil? what dread grasp
Dare its deadly terrors clasp?

When the stars threw down their spears,
And watered heaven with their tears,
Did he smile his work to see?
Did he who made the lamb make thee?

Tyger! Tyger! burning bright
In the forests of the night,
What immortal hand or eye
Dare frame thy fearful symmetry?

hammer, chain, furnace, anvil: 호랑이를 만든 이를 대장장이에 비유하는 심상
들로 대장간에서 사용되는 연장 및 도구
grasp 와 clasp: 모두 강한 손아귀 힘을 나타내는 표현
the stars~ their tears: 별은 타락한 천사인 사탄을 의미하고, 창을 던지고 하늘을
눈물로 적셨다는 내용은 반란을 일으킨 천사들의 패배를 의미

어느 망치가? 어느 사슬이?
네 머리는 어느 용광로에 있었을까?
어느 모루가? 어느 무서운 손아귀가
감히 그 무시무시한 공포를 움켜잡았을까?

별들이 창을 내 던지고
그들의 눈물로 하늘을 적셨을 때,
그분은 자신의 작품을 바라보며 미소 지으셨을까?
양을 지으셨던 바로 그분이 너도 지으셨을까?

호랭아! 호랭아! 한밤 숲 속에서
활활 타오르는구나.
어느 불멸의 손, 어느 눈이
무서울 정도로 잘 균형 잡힌 너의 골격을 감히 만들 수 있었을까?

이 시는 《경험의 노래》에 수록된 시로서 《순수의 노래》의 "The Lamb"과 짝을 이루는 시다. 화자인 어린아이를 통해 창조주와 피조세계에 대한 무한한 신뢰를 노래하는 "The Lamb"과 대조적으로 이 시는 창조주에 대한 경외심과 피조세계의 어두운 면과 힘을 강조한다.

London

—William Blake (1757-1827)

I wander thro' each charter'd street,
Near where the charter'd Thames does flow,
And mark in every face I meet
Marks of weakness, marks of woe.

In every cry of every Man,
In every Infant's cry of fear,
In every voice, in every ban,
The mind-forg'd manacles I hear.

How the chimney-sweeper's cry
Every black'ning Church appalls;
And the hapless Soldier's sigh
Runs in blood down Palace walls.

But most thro' midnight streets I hear
How the youthful Harlot's curse
Blasts the new born Infant's tear,
And blights with plagues the Marriage hearse.

the charter'd: 특허 받은 / ban: 금지령 /
The mind-forg'd manacle: 마음이 벼려낸 수갑소리 / blast: 마르게하다
hearse: 결혼 영구차.

런던

—윌리엄 블레이크

특허 받은 테임즈 강이 흐르는 옆
특허 받은 길을 걷다 보면
마주치는 모든 사람의 얼굴에서
나약함의 표시, 슬픔의 표시를 본다.

모든 사람의 울음소리에서
모든 아이의 겁에 질린 울음소리에서
모든 목소리에서, 모든 금지령에서
마음이 벼려낸 수갑 소리를 듣는다.

어떻게 점점 검어지는 모든 교회가
굴뚝 청소부의 울음소리에 벌벌 떠는지
그리고 불운한 군인의 한숨 소리가 핏물이 되어
궁궐 벽을 따라 흘러가는지를 듣는다.

하지만 무엇보다 한밤의 거리에서
어떻게 젊은 매춘부의 저주가
갓난아이의 눈물을 마르게 하고
성병으로 결혼이라는 영구차를 망치는지 듣는다.

《경험의 노래》에서 수록된 이 시는 그 전편인《순수의 노래》와 정반대로 타락과 소외를 보여준다. 정치와 종교의 타락과 아울러 굴뚝 청소부, 군인, 매춘부, 나아가 모든 사람의 삶을 특징짓는 소외를 생생하게 보여준다.

A Red, Red Rose

—Robert Burns (1759-1796)

O my Luve's like a red, red rose,
That's newly sprung in June:
O my Luve's like the melodie,
That's sweetly play'd in tune.

As fair art thou, my bonie lass,
So deep in luve am I;
And I will luve thee still, my dear,
Till a' the seas gang dry.

Till a' the seas gang dry, my dear,
And the rocks melt wi' the sun;
And I will luve thee still, my dear,
While the sands o' life shall run.

And fare-thee-weel, my only Luve!
And fare-thee-weel, a while!
And I will come again, my Luve,
Tho' 'twere ten thousand mile!

luve: love / bonnie: 예쁜 / gang dry: 말라버리다 /a'=all
wi'=with / fare-thee-weel: 안녕

붉고 붉은 장미

—로버트 번즈

오, 내 사랑은 유월에 갓 피어난
붉고 붉은 장미 같아.
오, 내 사랑은 멋진 가락으로 달콤하게
연주되는 멜로디 같아.

사랑하는 아름다운 이여, 그대가 아름다운 만큼
내 사랑도 깊으니
사랑하는 이여, 나 더욱더 그대를 사랑하리.
바다가 메마를 때까지.

바다가 메마르고, 태양이 바위를
다 녹일 때까지 사랑하리, 사랑하는 이여.
생명의 모래가 흘러내리는 동안
더욱더 그대를 사랑하리, 사랑하는 이여.

하나뿐인 내 사랑하는 이여, 안녕!
잠깐 동안이지만, 안녕!
머나먼 곳으로 떠나가지만,
나 다시 돌아오리라, 사랑하는 이여.

스코틀랜드 출신 시인인 로버트 번즈는 정열적인 향토애로 스코틀랜드 농부와 시민의 소박한 모습을 그렸으며 그의 시중 여러 편이 노래로 작곡되었다. 이 시는 전통적인 발라드, 즉 4줄로 된 4연의 시다. 번즈는 1연에서 그의 연인을 봄날 피어나는 장미와, 이어 달콤한 멜로디와 비교한다. 2연과 3연에서는 영원히 지속되는 사랑과 시간의 흐름이 대조를 이루며 제시된다. 마지막 연에서는 이별과 동시에 다시 돌아오겠다는 약속을 한다.

My Heart Leaps Up

—William Wordsworth (1770-1850)

My heart leaps up when I behold

A rainbow in the sky.

So was it when my life began;

So is it now I am a man;

So be it when I grow old,

Or let me die!

The Child is father of the Man;

And I could wish my days to be

Bound each to each by natural piety.

so be it: 그러하기를

The Child is father of the Man: 인간이 태어난 순간 가장 영적인 교감력이 풍부
하고 나이를 먹어가면서 영적 교감력을 상실한다는 믿음에 근거한 구절

natural piety: 자연을 향한 경건한 마음. 종교적 용어인 piety를 natural과 함께 씀
으로써 마치 신을 경외하듯 자연을 경외하는 종교적 마음을 의미하고 있음

내 가슴은 뛰노라

—윌리엄 워즈워스

하늘의 무지개를 볼 때면
내 가슴은 뛰노라.
내 삶이 시작되던 어린 시절에도 그러했고
이제 어른이 된 지금도 그러하니
내 나이 들어서도 그러하길.
그렇지 않으면 나 죽으리!
아이는 어른의 아버지.
내 삶의 남은 나날들이
자연을 향한 경건함으로 이어지길 바랄 수만 있다면.

윌리엄 워즈워스는 새무얼 테일러 코울리지(Samuel Taylor Coleridge)와 더불어 《서정담시집 *Lyrical Ballads*》을 출판한 영국 낭만주의의 대표시인이다. 《서정담시집》의 개정판에 붙인 서문(Preface)은 영국 낭만시의 성명서와 같은 글로서 시에 대한 새로운 정의와 더불어 시의 형식, 소재, 시어 등에서 그들이 시도하는 혁명적인 변화를 기술하고 있다. 자연과 인간의 교감을 시의 주요주제로 다루고 있는 워즈워스는 자연시인으로 알려져 있으며, 이 시 역시 자연의 아름다운 현상을 통해 영적인 교감을 계속 이루어가기 원하는 시인의 염원을 그리고 있다.

I Wandered Lonely as a Cloud

—William Wordsworth (1770-1850)

I wandered lonely as a cloud
That floats on high o'er vales and hills,
When all at once I saw a crowd,
A host, of golden daffodils;
Beside the lake, beneath the trees,
Fluttering and dancing in the breeze.

Continuous as the stars that shine
And twinkle on the milky way,
They stretched in never-ending line
Along the margin of a bay:
Ten thousand saw I at a glance,
Tossing their heads in sprightly dance.

o'er: over의 축약형 / vale: 계곡 / host: 한 무리, 떼 / sprightly: 흥겹게

나 구름처럼 외로이 떠돌았네

—윌리엄 워즈워스

골짜기와 언덕 넘어 높이 떠다니는 구름처럼
나 외로이 떠돌았네.
그러다 수많은 황금빛 수선화를
문득 보았네.
그 수선화, 호숫가와 나무 밑에서
미풍에 살랑이며 춤추고 있었네.

수선화는 만의 가장자리 따라
끝도 없이 늘어서 있었다네,
은하수 되어 반짝이며 빛나는
무수한 별과 같이.
흥겹게 춤추며 고개를 까닥이는
수많은 수선화를 한눈에 보았네.

The waves beside them danced; but they

Out-did the sparkling waves in glee:

A poet could not but be gay,

In such a jocund company:

I gazed---and gazed---but little thought

What wealth the show to me had brought:

For oft, when on my couch I lie

In vacant or in pensive mood,

They flash upon that inward eye

Which is the bliss of solitude;

And then my heart with pleasure fills,

And dances with the daffodils.

out-did: outdid 로서 outdo 의 과거형. 능가하다

could not but: ~하지 않을 수 없었다 / oft: often의 옛 형태

inward eye: 내면의 눈, 즉 마음의 눈

마지막 두 행: 고요함 가운데 회상된 감정이 점차 강렬해져서 자연스럽게 분출되
는 과정을 보여주는 예시

수선화 곁 물결들도 춤추었지, 그러나
수선화의 흥거움이 반짝이는 물결보다 컸다네.
이렇듯 유쾌한 벗과 함께 하니
시인이라면 그 아니 즐거울까.
나는 보고 또 바라보았지만, 그 광경이
얼마나 큰 부유함을 선사했는지 미처 깨닫지 못했다네.

종종 침상에 누워
멍하니 혹은 생각에 잠겨 있을 때면,
내 마음의 눈에 그때 그 수선화들 불현듯 떠오르니
이는 고독이 베푸는 축복이라오.
내 가슴은 이내 즐거움으로 가득차고
수선화와 함께 춤을 춘다네.

이 시는 《서정담시집》의 서문에 기록된 시의 정의(...a poem is a spontaneous overflow of powerful feelings··· recollected in tranquility, 시는 고요함 가운데서 회고된··· 강력한 감정의 자발적 분출이다.)에 꼭 부합하는 시작(詩作) 과정을 구현한 시다.

Composed upon Westminster Bridge

—William Wordsworth (1770-1850)

Earth has not anything to show more fair:

Dull would he be of soul who could pass by

A sight so touching in its majesty:

This City now doth, like a garment, wear

The beauty of the morning; silent, bare,

Ships, towers, domes, theatres, and temples lie

Open unto the fields, and to the sky;

All bright and glittering in the smokeless air.

Never did sun more beautifully steep

In his first splendour, valley, rock, or hill;

Ne'er saw I, never felt, a calm so deep!

The river glideth at his own sweet will:

Dear God! the very houses seem asleep;

And all that mighty heart is lying still!

fair: 아름다운 / touching: 감동을 주는/ garment: 옷 / steep: 넘쳐흐르다

at his own sweet will: 자기 멋대로 / glideth: 미끄러지듯 흐르다

웨스트민스터 다리 위에서

—윌리엄 워즈워스

지상에 이보다 더 아름다운 광경은 없으리.
이렇게 감동적인 장엄한 광경을
그냥 지나친다면 영혼이 무딘 사람이리.
이 도시는 지금 아름다운 아침을
옷처럼 걸치고 있다
배, 탑, 둥근 지붕, 극장, 사원이
들판을 향해 그리고 하늘을 향해 고요히 그 모습을 드러내고 있구나.
연기 한 점 없는 대기 중에 모두 밝게 빛나는구나.
최초의 찬란한 빛에 계곡, 바위, 언덕이
이처럼 아름답게 잠긴 적이 없었다.
이처럼 깊은 고요를 본적도, 느낀 적도 없었다!
강은 제 멋대로 미끄러지듯 흘러가는구나.
신이시여! 이 건물들은 잠들어 있는 듯하고
그 강력한 심장은 고요히 누워 있나이다!

워즈워스가 국회 옆의 테임즈 강을 건너면서 본 광경을 그리고 있으며, 도시의 아
름다움이 주제이다. 맑은 날 이른 아침 고요하게 펼쳐지는 런던의 파노라마, 즉 배,
극장, 교회, 하늘, 언덕, 들판을 묘사하고 있다. 이어 자연보다도 도시가 아름답다고
강조하고 강력한 심장이라는 생생한 도시의 이미지로 시를 맺고 있다.

She Walks in Beauty

—George Gordon Byron (1788-1824)

She walks in beauty, like the night
 Of cloudless climes and starry skies;
And all that's best of dark and bright
 Meet in her aspect and her eyes:
Thus mellow'd to that tender light
 Which heaven to gaudy day denies.

One shade the more, one ray the less,
 Had half impair'd the nameless grace
Which waves in every raven tress,
 Or softly lightens o'er her face;
Where thoughts serenely sweet express
 How pure, how dear their dwelling-place.

And on that cheek, and o'er that brow,
 So soft, so calm, yet eloquent,
The smiles that win, the tints that glow,
 But tell of days in goodness spent,
A mind at peace with all below,
 A heart whose love is innocent!

her aspect: 그녀의 모습/ mellowed to: 부드러워지다

their dwelling place: 그녀의 생각들이 머무는 곳. 즉 그녀의 정신

그녀는 아름답게 걸어요

—조지 고든 바이런

그녀는 아름답게 걸어요
구름 한 점 없이 빛나는 밤처럼.
그녀의 모습에서, 그녀의 눈에서
최상의 빛과 최상의 어둠이 만나
눈부신 대낮에는 볼 수 없는
그런 부드러운 빛이 되어버려요.

한 점의 그늘만 더해져도 한 줄기의 빛만 모자라도
저 말로 다할 수 없는 우아함이 반으로 줄었을 거예요.
뒤로 묶은 검은 머리에 물결치는 우아함이,
부드럽게 빛나는 얼굴에 스민 우아함이 반으로 줄었을 거예요.
그 얼굴에 나타난 생각들은 차분하게
그녀가 얼마나 순결하고 사랑스러운지 말해주네요.

그리고 뺨과 이마에 스며든
매력적인 미소와 빛나는 홍조는
아주 부드럽고 차분하지만 유창하게
선량하게 살아온 나날을
평안하게 모두를 받아들이는 정신을
순결한 사랑으로 넘치는 정신을 말해줘요.

이 시는 바이런의 가장 유명한 시 중 하나로 1815년 출간된 《히브류 멜로디즈 *Hebrew Melodies*》에 실려 있다. 바이런이 어느 무도회에서 사촌의 아내인 윌모트 부인이 스쳐갈 때 영감을 받아 그 다음날 아침에 썼다고 한다. 1연에서는 "밤처럼" 아름답다는 것의 의미를, 2연에서는 그녀의 완벽한 외모를, 3연에서는 그녀의 정신의 순결함을 노래한다.

Ode to the West Wind

—Percy Bysshe Shelley (1792-1822)

1.

O wild West Wind, thou breath of Autumn's being
 Thou from whose unseen presence the leaves dead
Are driven like ghosts from an enchanter fleeing,

 Yellow, and black, and pale, and hectic red,
Pestilence-stricken multitudes! O thou
 Who chariotest to their dark wintry bed

The win#ed seeds, where they lie cold and low,
 Each like a corpse within its grave, until
Thine azure sister of the Spring shall blow

 Her clarion o'er the dreaming earth, and fill
(Driving sweet buds like flocks to feed in air)
 With living hues and odours plain and hill;

Wild Spirit, which art moving everywhere;
Destroyer and preserver; hear, O hear!

enchanter: 마법사 / pestilence: 역병 / azure: 파란 / flocks: 양떼
hue: 색 / odour: 향기 / preserver: 보전자

서풍부

—퍼시 비쉬 셸리

1

오, 거친 서풍이여, 가을의 숨결이여,

그대가 내몰아친 낙엽들이 마법사에게서,

도망가는 보이지 않는 유령 같구나

역병에 시달린 노란, 검은, 빛바랜,

아주 붉은 낙엽들이여! 오, 그대가

날개 달린 씨앗들을 마차에 태워 겨울 침상으로 몰고 가면

모두 추위에 떨며 기운 없이

무덤 속의 시체처럼 눕겠구나.

그대의 푸른 여동생인 봄이 나팔을 불 때까지.

꿈꾸는 대지 위에 울려 퍼지는 나팔소리가

(대기 중에 풀을 뜯어 먹으러 가는 양떼처럼 꽃망울을 몰아가며)

들판과 언덕을 생생한 색과 향기로 가득 채울 때까지.

도처를 헤매는 거친 정신이여,

파괴자이며 보호자인 그대여, 들어라, 오, 들어라.

2

Thou on whose stream, 'mid the steep sky's commotion,
 Loose clouds like earth's decaying leaves are shed,
Shook from the tangled boughs of heaven and ocean,

 Angels of rain and lightning! there are spread
On the blue surface of thine airy surge,
 Like the bright hair uplifted from the head

Of some fierce Mænad, even from the dim verge
 Of the horizon to the zenith's height,
The locks of the approaching storm. Thou dirge

 Of the dying year, to which this closing night
Will be the dome of a vast sepulchre,
 Vaulted with all thy congregated might

Of vapours, from whose solid atmosphere
Black rain, and fire, and hail, will burst: O hear!

loose: 흐트러진 / tangled: 얽히고설킨 / fierce: 사나운
Mænad: 디오니소스와 함께 노는 미친 야만족 여성인 마이나스
to the zenith's height: 하늘 꼭대기까지 / lock: 머리타래 / dirge: 장송곡
solid: 짙은 / hail: 우박

2

그대가 불어와 하늘이 격렬하게 요동치면,
하늘과 바다의 얽힌 가지에서 떨어져 나온 구름이
지상의 낙엽처럼 흩어지는구나.

비와 번개의 수호신이여!
솟구친 대기의 파란 표면 위로
다가오는 폭풍의 머리카락이 흩날리는구나.

사나운 마이나스의 빛나는 머리카락이
아득한 지평선의 가장자리에서
하늘 꼭대기로 솟구쳤던 것처럼.

그대 죽어가는 한 해의 장송곡이여, 저물어가는 이 밤이
그대에게는 거대한 무덤의 둥근 지붕,
전심전력을 다해 만든 수중기 지붕이구나.

구름이 잔뜩 낀 대기로부터
검은 비와 불과 우박이 터져 나오겠구나. 오, 들어라!

3

Thou who didst waken from his summer dreams
　The blue Mediterranean, where he lay,
Lull'd by the coil of his crystàlline streams,

　Beside a pumice isle in Baiæ's bay,
And saw in sleep old palaces and towers
　Quivering within the wave's intenser day,

All overgrown with azure moss, and flowers
　So sweet, the sense faints picturing them! Thou
For whose path the Atlantic's level powers

　Cleave themselves into chasms, while far below
The sea-blooms and the oozy woods which wear
　The sapless foliage of the ocean, know

Thy voice, and suddenly grow gray with fear,
And tremble and despoil themselves: O hear!

Baiæ's bay: 바이에만 / pumice: 쑥돌 / quiver: 떨다 / faint: 기절하다
level: 잔잔한 / cleave: 가르다 / chasm: 틈 / sapless: 시든

3
그대 여름 꿈을 꾸고 있는 파란 지중해를
깨우는구나. 수정같이 맑은 물결의
자장가에 잠들어 있는 지중해를.

바이아에 만의 쑥돌 섬 옆에 누워 꿈속에서
몰아치는 파도에 떨고 있는 푸른 이끼와
꽃으로 뒤덮인 옛 궁전과 탑을 보고 있는데

꿈속에서 그려보기만 해도 기절할 만큼
아름다운 옛 궁전과 탑을 보고 있는데!
그대여, 잔잔한 대서양이 갈라지면서

그대에게 길을 내주는구나. 심연의
바다 꽃과 축 쳐진 잎을 단 축축한 나무들이
그대 목소리를 알아채는구나.

그대 목소리를 듣고 갑자기 회색빛으로 질려
덜덜 떨며 휩쓸리다 쓰러지는구나. 오, 들어라!

4

If I were a dead leaf thou mightest bear;
If I were a swift cloud to fly with thee;
A wave to pant beneath thy power, and share

The impulse of thy strength, only less free
Than thou, O uncontrollable! if even
I were as in my boyhood, and could be

The comrade of thy wanderings over heaven,
As then, when to outstrip thy skiey speed
Scarce seem'd a vision—I would ne'er have striven

As thus with thee in prayer in my sore need.
O! lift me as a wave, a leaf, a cloud!
I fall upon the thorns of life! I bleed!

A heavy weight of hours has chain'd and bow'd
One too like thee—tameless, and swift, and proud.

If I were a dead leaf: 내가 낙엽이라면
would ne'er have striven: 호소하지 않았을 텐데 / thee: 그대, 여기서는 서풍
chain'd and bow'd: 구속되고 꺾이다.

4

내가 그대에게 실려 갈수 있는 낙엽이라면,
그대와 함께 빨리 날 수 있는 구름이라면,
그대의 힘에 짓눌려 헐떡이면서도

그대의 솟구치는 힘을 나눌 수 있는 파도라면,
그대 다음으로 자유로울 수만 있다면, 오 통제할 수 없는 그대여!
그대보다 빠르게 하늘을 나는 게

헛된 꿈만은 아니었던 소년시절로
돌아가 그대의 친구가 되어
함께 하늘을 이리저리 날아다닐 수 있다면,

이렇게 간절히 기도하며 그대에게 호소하지 않을 텐데.
오, 나를 파도처럼, 나뭇잎처럼, 구름처럼 일으켜다오!
나는 삶의 가시밭에 떨어지노라! 피를 흘리노라!

그대처럼 길들여지지 않고, 민첩하고, 당당하던 내가
힘겨운 세월의 무게에 눌려 꺾이고 말았노라.

5

Make me thy lyre, even as the forest is:
What if my leaves are falling like its own?
The tumult of thy mighty harmonies

Will take from both a deep autumnal tone,
Sweet though in sadness. Be thou, Spirit fierce,
My spirit! Be thou me, impetuous one!

Drive my dead thoughts over the universe,
Like wither'd leaves, to quicken a new birth;
And, by the incantation of this verse,

Scatter, as from an unextinguish'd hearth
Ashes and sparks, my words among mankind!
Be through my lips to unawaken'd earth

The trumpet of a prophecy! O Wind,
If Winter comes, can Spring be far behind?

lyre: 수금 / tumult: 격정 / wither'd: 시든 / incantation: 주문 / hearth: 난로

5

저 숲처럼 나를 그대의 수금으로 삼아다오.
숲의 나뭇잎처럼 나의 잎이 떨어진들 어떠리
격정적이면서도 아주 조화로운 그대의 음악이

숲과 나를 스쳐 간 후 슬프고 달콤하며
깊은 가을 음조를 띠게 되리라. 그대, 격렬한 정신이여,
나의 정신이 되어다오! 그대 격정적인 정령이여, 내가 되어다오!

사장된 내 사상을 시든 나뭇잎처럼
우주에 퍼트려 새로운 탄생을 앞당겨다오!
그리고 이 시를 주문으로 해 내 말을

꺼지지 않는 난로의 불꽃과 재처럼
사람들 사이에 퍼트려다오!
아직 잠들어 있는 지상에 내 입에서 나온 말로

예언의 나팔이 되어다오! 오 서풍이여,
겨울이 오면, 봄은 멀지 않으리.

대표적인 영국 낭만파 시인인 퍼시 비쉬 셸리는 남부 영국의 명문 출신으로 이튼을
거쳐 옥스퍼드 대학 재학 중 무신론을 부르짖다 퇴학당했다. 서풍에게 바치는 이 노
래는 가을의 폭풍을 보고 영감을 받아 쓴 시로, 시인은 자연의 힘과 시의 힘 사이
의 유사성을 발견한다. 강하게 몰아치는 서풍에서 파괴자이며 동시에 보전자인 패
러독스에 주목하며, 시인은 가을의 죽음과 봄의 부활로 이어지는 계절의 순환처럼
현재는 절망적이지만 언젠가는 사람들이 자신의 시를 듣고 그 영향으로 사회적 개
혁이 이루어지길 희망한다.

Music, When Soft Voices Die

—Percy Bysshe Shelley (1792-1822)

Music, when soft voices die,

Vibrates in the memory—

Odours, when sweet violets sicken,

Live within the sense they quicken.

Rose leaves, when the rose is dead,

Are heap'd for the beloved's bed;

And so thy thoughts, when Thou art gone,

Love itself shall slumber on.

odour: 향기 / quicken: 일깨우다 / slumber: 잠들다

음악은, 부드러운 목소리 사라질 때

—퍼시 비쉬 셸리

음악은, 부드러운 목소리 사라질 때,
기억 속에 떨리고
향기는, 향긋한 바이올렛 시들 때
뒤흔들어 놓은 감각 속에 산다.

장미 꽃잎은, 장미 시들 때
사랑하는 이의 침상에 쌓이고
그리고, 그대 떠난 후 사랑은
그대 생각하며 잠들리.

음악을 다 들은 후에도 늘 생각나고 바이올렛이 시들어도 오랫동안 향기가 기억이 나듯이 연인과 헤어졌어도 사랑의 기억은 영원히 잊히지 않는다는 내용을 담고 있다.

Ozymandias

—Percy Bysshe Shelley (1792-1822)

I met a traveler from an antique land

Who said: Two vast and trunkless legs of stone

Stand in the desert . . . Near them, on the sand,

Half sunk, a shattered visage lies, whose frown,

And wrinkled lip, and sneer of cold command,

Tell that its sculptor well those passions read

Which yet survive, stamped on these lifeless things,

The hand that mocked them, and the heart that fed;

And on the pedestal these words appear:'

"My name is Ozimandias, king of kings;

Look on my works, ye Mighty, and despair!"

Nothing beside remains. Round the decay

Of that colossal wreck, boundless and bare

The lone and level sands stretch far away.

antique land: 고대의 나라. 여기에서는 이집트를 일컬음

Ozymandias: 고대 이집트의 왕 람세스 2세 (기원전 1292-1225)의 고대 그리스

이름 / shattered visage: (조각상의) 부서진 두상[얼굴]

pedestal: (조각상의) 대좌 받침대 / decay: ruin 폐허 / colossal: 거대한

오지만디아스

—퍼시 비쉬 셸리

고대의 나라에서 온 한 여행자를 만났는데
그가 이렇게 말했다. 몸통이 잘려나간 거대한 석상의 다리 두 개가
사막에 서 있다. 그 옆 모래 속에는
부서진 두상이 반쯤 묻힌 채 있는데, 그 찡그린 표정
주름 잡힌 입술, 그리고 싸늘한 명령이 담긴 냉소를 보면
조각가가 왕의 정열을 잘 읽었음을 말해주고 있다.
그 정열은 이 생명 없는 물체에 새겨져, 그 정열을 비웃은 손과,
그 열정을 키웠던 심장보다 더 오래 살아남아 있다.
그리고 받침대엔 이런 말이 새겨져 있다.
"내 이름은 오지만디아스, 왕 중의 왕이로다.
너희들 힘센 자들아, 내 위업을 보라, 그리고 절망하라."
옆엔 아무것도 남아 있지 않다. 폐허뿐인 그 거대한 잔해
주변에는 쓸쓸하고 평평한 사막만이
끝도 없이 황량하게 멀리 펼쳐져 있을 뿐이다.

30세의 젊은 나이에 요절한 셸리는 영국문학사에서 가장 진보적인 사상을 가진 시인으로 알려져 있다. 소네트의 형식으로 쓴 "오지만디아스"는 과거 막강한 권력으로 천하를 호령하던 왕의 동상이 시간의 흐름 앞에 모래 속의 잔해로 남아있는 모습을 통해 삶과 권력의 무상함을 노래하고 있다.

To Autumn

—John Keats (1795-1821)

1

Season of mists and mellow fruitfulness,
 Close bosom-friend of the maturing sun;
Conspiring with him how to load and bless
 With fruit the vines that round the thatch-eves run;
To bend with apples the moss'd cottage-trees,
 And fill all fruit with ripeness to the core;
 To swell the gourd, and plump the hazel shells
 With a sweet kernel; to set budding more,
And still more, later flowers for the bees,
Until they think warm days will never cease,
 For summer has o'er-brimm'd their clammy cell

conspire: 공모하다 / thatch-eve: 초가집 처마 / mossed: 이끼로 덮힌
gourd: 박 / set budding more: 더 많이 꽃피게 한다. / o'er: over
clammy cell: 끈적거리는 벌집

가을에게

—존 키츠

1

안개와 농익은 결실의 계절이여,

만물을 무르익게 하는 태양의 절칠한 친구여,

어떻게 초가지붕 위 덩굴에 열매를 매달아 주고 축복할지,

어떻게 이끼 낀 나뭇가지가 휘도록 사과가 열리게 할지,

어떻게 모든 열매를 속속들이 익게 할지,

어떻게 조롱박을 부풀게 하고, 어떻게 개암을

달콤한 속으로 꽉 채워 통통하게 만들지 태양과 공모하는구나!

벌들을 위해 철 지난 꽃을 피우고 또 피워

끈적이는 벌집 위로 여름이 흘러넘치니 벌들은

따듯한 여름날이 끝나지 않으리라고 생각한다.

2

Who hath not seen thee oft amid thy store?
 Sometimes whoever seeks abroad may find
Thee sitting careless on a granary floor,
 Thy hair soft-lifted by the winnowing wind;
Or on a half-reap'd furrow sound asleep,
 Drows'd with the fume of poppies, while thy hook
 Spares the next swath and all its twined flowers:
And sometimes like a gleaner thou dost keep
 Steady thy laden head across a brook;
 Or by a cyder-press, with patient look,
 Thou watchest the last oozings hours by hours.

granary: 곡물 창고 / winnowing: 키질하는 / furrow: 밭이랑
drowsed: 졸리운 / hook: 낫 / swath: 낫질 / gleaner: 이삭 줍는 사람
cider-press: 사과즙 짜는 기계

2

그대의 수확물 속에 있는 그대 모습을 누구나 종종 보았으리.
그대를 찾아나선 사람은
키질할 때 이는 바람에 부드럽게 머리를 때때로 흩날리며
아무렇게나 곡물창고 바닥에 앉아있는 그대 모습을 볼 것이다.
혹은 다음 이랑에 있는 얽힌 꽃들을 낫으로
베다 말고, 양귀비 향기에 취해
반쯤 벤 이랑에 깊이 잠들어 있는 그대 모습을 볼 것이다.
그리고 때로는 이삭 줍는 사람처럼 머리에 무거운
이삭을 얹고 균형을 잡아가며 시내를 건너는 그대나,
사과즙 기계 곁에서 인내하는 표정으로
마지막 과즙이 나올 때까지 몇 시간이고 지켜보는 그대 모습을 볼 것이다.

3

Where are the songs of spring? Ay, where are they?
 Think not of them, thou hast thy music too, -
While barred clouds bloom the soft-dying day,
 And touch the stubble-plains with rosy hue;
Then in a wailful choir the small gnats mourn
 Among the river sallows, borne aloft
 Or sinking as the light wind lives or dies;
And full-grown lambs loud bleat from hilly bourn;
 Hedge-crickets sing; and now with treble soft
 The red-breast whistles from a garden-croft;
 And gathering swallows twitter in the skies.

barred clouds: 줄무늬 구름 / stubble: 그루터기 / sallows: 버드나무
borne aloft: 높이 올라간 / hilly bourn: 언덕 / croft: 울타리 친 작은 밭

3

봄의 노래는 어디로 갔을까? 아, 그 노래는 모두 어디로 갔을까?
봄의 노래는 생각하지 말길. 그대에게는 그대의 음악이 있으니.
줄무늬 구름이 부드럽게 저무는 하루를 꽃 피우고
그루터기만 남은 밭을 장밋빛으로 물들이면,
강가 버드나무 속 작은 각다귀들은
바람이 일 땐 고음으로, 바람이 잦아들 땐 저음으로,
구슬프게 합창하며 애도한다.
언덕에서는 통통하게 다 자란 양이 울고
울타리 옆에서는 귀뚜라미가 노래하고 이제 부드러운 고음으로
마당 한쪽 작은 텃밭에서 홍방울새가 휘파람 소리를 낸다.
모여든 제비들은 하늘에서 지저귄다.

존 키츠는 가장 나중에 태어난 영국의 낭만주의 시인으로 셸리, 바이런과 함께 19
세기 영국 낭만주의의 3대 시인으로 꼽힌다. 이 시는 11줄 3연으로 된 가을에 바
치는 송가이다. 가을은 의인화되어 나타난다. 초가을을 그린 1연에서는 태양과 공
모하는 사람으로, 가을이 깊어진 2연에서는 양귀비에 취해 밭이랑에 잠들어 있거
나 사과즙 짜는 것을 지켜보는 사람으로 그려져 있다. 추수가 끝난 늦가을을 그린
마지막 연에서 키츠는 가을에게 봄의 노래를 부러워하지 말고 가을의 소리와 아
름다움을 사랑하라고 권한다.

La Belle Dame Sans Merci

—John Keats (1795-1821)

1

Ah, what can ail thee, wretched wight,
 Alone and palely loitering;
The sedge is wither'd from the lake,
 And no birds sing.

2

Ah, what can ail thee, wretched wight,
 So haggard and so woe-begone?
The squirrel's granary is full,
 And the harvest's done.

3

I see a lily on thy brow,
 With anguish moist and fever dew;
And on thy cheek a fading rose
 Fast withereth too.

ail: 괴롭히다 / wight: 사람 / sedge: 골풀 /loitering: 거닐면서 / haggard: 여윈
woe-begone: 슬픔에 잠긴 / thy brow: 너의 이마 / fading: 빛바랜

무정한 미녀

—존 키츠

1

갑옷 입은 기사여, 무슨 고민이 있어
창백한 얼굴로 홀로 서성이고 있소?
호수의 골풀은 시들고
새 소리도 들리지 않는데.

2

갑옷 입은 기사여, 무슨 고민이 있어
그렇게 여위고 슬픔에 잠겼소?
다람쥐의 창고는 가득 차고
추수는 끝났는데.

3

그대의 이마에는 열병 이슬과 고뇌의
물기를 머금은 백합이 피었소.
그대의 뺨에서는 색 바랜 장미 또한
빨리 시들어가고 있소.

4

I met a lady in the meads
 Full beautiful, a faery's child;
Her hair was long, her foot was light,
 And her eyes were wild.

5

I set her on my pacing steed,
 And nothing else saw all day long;
For sideways would she lean, and sing
 A faery's song.

6

I made a garland for her head,
 And bracelets too, and fragrant zone;
She look'd at me as she did love,
 And made sweet moan.

full beautiful: 아주 아름다운 / pacing steed: 천천히 걷는 말
fragrant zone: 향긋한 꽃허리띠

4

초원에서 숙녀를 만났소,
완벽하게 아름다운 숙녀였소—요정의 아이로
긴 머리에, 가벼운 발걸음,
열정적인 눈을 가진 숙녀였소.

5

그녀를 말에 태우고 천천히 갔소.
하루 종일 그녀만 보았소
그녀는 옆으로 기댄 채,
요정의 노래를 불렀소.

6

화관을 만들어 그녀에게 씌워주었소,
꽃팔찌와 향긋한 꽃 허리띠도 만들어 주었소.
그녀는 날 바라보며 사랑했고
달콤한 신음 소리를 내었소.

7

She found me roots of relish sweet,
 And honey wild, and manna dew;
And sure in language strange she said,
 I love thee true.

8

She took me to her elfin grot,
 And there she gaz'd and sighed deep,
And there I shut her wild sad eyes--
 So kiss'd to sleep.

9

And there we slumber'd on the moss,
 And there I dream'd, ah woe betide,
The latest dream I ever dream'd
 On the cold hill side.

manna dew: 신이 내려준 감로 / grot: grotto. 동굴 / woe betide: 슬프도다
latest: 마지막

7

그녀는 달콤한 뿌리와 야생 꿀과
감로를 찾아 주었소.
그리고 낯선 나라말로 분명히 말했소.
"진심으로 그대를 사랑해요!"

8

그녀는 요정의 동굴로 나를 데려가,
거기서 가만히 바라보더니 슬픔에 차 한숨을 쉬었소.
나는 그녀의 열정적인 눈을 감게 하고
키스를 퍼부어 잠들게 했소.

9

우리는 그 동굴 이끼 위에서 잠들었고
나는 거기서 꿈을 꾸었소—아! 슬프도다!
내가 마지막으로 꿈을 꾼 것은
그 차가운 언덕 위에서였소.

10

I saw pale kings, and princes too,
  Pale warriors, death-pale were they all;
Who cry'd--"La belle dame sans merci
  Hath thee in thrall!"

11

I saw their starv'd lips in the gloam
  With horrid warning gaped wide,
And I awoke, and found me here
  On the cold hill side.

12

And this is why I sojourn here
  Alone and palely loitering,
Though the sedge is wither'd from the lake,
  And no birds sing.

Hath thee in thrall:그대를 홀렸구나 / gloam: 황혼 / sojourn: 한동안 머물다.

10

창백한 왕과 공주를 보았소.
창백한 무사도 나타났고, 모두 죽은 사람처럼 창백했소.
그들은 외쳤소—"무정한 미녀가
그대를 홀렸구나!"

11

황혼 속에서 그들은 메마른 입술을
크게 벌리고 끔찍한 경고를 했소.
그리고 깨어보니 여기
차가운 언덕 위에 있었다오.

12

이런 연유로 여기 남아,
창백한 얼굴로 홀로 서성댄다오.
호수의 골풀은 시들었고
새 소리마저 들리지 않는데.

중세 시인인 알랭 까르띠에(Alain Cartier)의 시에서 제목을 따왔다. 1연에서 3연은
이름을 알 수 없는 화자가 기사에게 왜 슬픔에 빠져있는지 묻는 것으로 되어있고
4연에서 8연까지는 기사가 어떻게 아름다운 여인과 사랑에 빠졌는지 9연에서 11연
까지는 동굴에서 꾼 꿈의 내용을, 12연에서는 버림받았음을 대답하는 것으로 되어
있다. 발라드풍의 언어를 사용하여, 한편으로 현실적이고 익숙하게, 또 다른 한편
으로 이상하고 초현실적으로 묘사해 가며 전체적으로 신비한 분위기를 자아낸다.

Crossing the Bar

—Alfred, Lord Tennyson (1809-1892)

Sunset and evening star,
And one clear call for me!
And may there be no moaning of the bar
When I put out to sea.

But such a tide as moving seems asleep,
Too full for sound and foam,
When that which drew from out the boundless deep
Turns again home.

Twilight and evening bell,
And after that the dark!
And may there be no sadness of farewell
When I embark;

For though from out our bourne of Time and Place
The flood may bear me far,
I hope to see my Pilot face to face
When I have crossed the bar.

the moaning of the bar: 항구 입구의 모래톱에 부딪치는 파도소리를 신음소리로
비유한 표현 / bar: 모래톱. 사주(砂洲) / put out to sea: 출항하다. 바다로 나가다
embark: 배에 오르다. 출항하다 / bourne: boundary. 경계
Pilot: navigator, 뱃길잡이, 수로 안내자, 하느님

모래톱을 넘어가면서

—알프레드, 테니슨 경

해지고 저녁별 뜨니
나를 부르는 분명한 소리 하나!
나 바다로 나갈 때
모래톱 슬피 울지 않으리.

무한한 심연에서 온 모든 것들
고향으로 다시 돌아갈 때,
너무 충만하여 소리도 나지 않고, 거품도 일지 않는
잠든 듯 물결치는 파도만 있기를.

황혼 그리고 저녁 종소리
그 다음엔 어둠만이 있을 뿐!
내가 배에 오를 때
이별의 슬픔 없기를

시간과 공간의 세계로부터
파도가 나를 저 멀리 싣고 가더라도
나 모래톱 건넜을 때
나를 인도하시는 그분 만나 뵙기를 빌 뿐이네.

테니슨은 빅토리아 시대의 대표적인 시인으로서 워즈워스의 뒤를 잇는 계관시인이었
다. 말년에 쓴 "모래톱을 넘어가면서"는 시간의 공간인 현생에서 무시간의 공간인 저
승으로의 평화로운 여정과 저승이라는 곳이 하느님과 영원성이 존재하는 곳이길 소망
하는 기도의 형식을 취하고 있다. 시인은 시 전반에 걸쳐 항해와 관련된 은유를 사용
하여 바다를 고대인들처럼 죽어서 인간이 돌아가는 본향으로서 그리고 영원성이 존재
하는 불멸성과 동의어로 받아들인다.

Meeting at Night

—Robert Browning (1812-1889)

The grey sea and the long black land;
And the yellow half-moon large and low;
And the startled little waves that leap
In fiery ringlets from their sleep,
As I gain the cove with pushing prow,
And quench its speed i' the slushy sand.

Then a mile of warm sea-scented beach;
Three fields to cross till a farm appears;
A tap at the pane, the quick sharp scratch
And blue spurt of a lighted match,
And a voice less loud, thro' its joys and fears,
Than the two hearts beating each to each!

startled: 깜짝 놀란 / ringlets: 파도가 일어 생겨난 작은 물방울
cove: 작은 만 / slush: 질척거리는 / spurt: 불꽃

밤의 밀회

―로버트 브라우닝

회색빛 바다와 길게 뻗은 검은 육지,
나지막이 떠있는 커다란 노란 반달,
뱃머리 헤쳐 작은 만에 닿아
질척이는 개펄에서 속도를 줄이자,
잠들어 있다 깜짝 놀란 작은 파도가
튕겨내는 반짝이는 물방울들,

바다 냄새 풍기는 따뜻한 해변 1 마일,
밭 세 개를 지나자 나타난 농가 한 채,
가볍게 유리창 두드리고 재빨리 성냥을 긁으면
솟아오르는 푸른 불꽃,
그리고 기쁨과 두려움에 찬 목소리보다 더 크게
서로를 향해 두근대는 심장소리.

로버트 브라우닝은 19세기 영국을 대표하는 시인 중 한 사람으로서 살아생전에는 여류시인이자 그의 아내였던 엘리자베스 브라우닝의 남편으로 더 잘 알려져 있었다. 이시의 1연에서는 바다, 육지, 달, 파도 등의 시각적 이미지와 배의 속도가 느려지는 촉각적인 이미지가 나타난다. 2연에서는 유리창 두드리는 소리, 성냥 긋는 소리, 말, 심장소리 등의 청각 이미지가 해변 냄새라는 후각이미지, 들판, 농장, 파란 불꽃 등의 시각 이미지와 잘 어우러진다. 특히 말보다 크게 두근대는 심장소리에서 두 연인이 얼마나 사랑하는지가 잘 전달된다.

Parting at Morning

—Robert Browning (1812-1889)

Round the cape of a sudden came the sea,
And the sun looked over the mountain's rim:
And straight was a path of gold for him,
And the need of a world of men for me.

cape: 곶 / rim: 가장자리 / for him: 태양에게는

아침의 이별

—로버트 브라우닝

곶을 돌자 바다가 성큼 다가왔고,
태양이 산기슭을 비추었다.
태양에게는 곧게 뻗은 황금빛 길이,
내게는 인간 세계의 책무가 있었다.

밤의 밀회와 짝이 되는 시다. 열정에 들뜬 밤의 상태와는 달리 집으로 돌아가는
길에 있는 시인은 바다에 비치는 곧은 황금빛 길을 보고 자신에게 요구되는 사회
적 책임을 생각한다.

My Last Duchess

—Robert Browning (1812-1889)

That's my last Duchess painted on the wall,
Looking as if she were alive. I call
That piece a wonder, now: Fra Pandolf's hands
Worked busily a day, and there she stands.
Will't please you sit and look at her? I said
"Fra Pandolf" by design, for never read
Strangers like you that pictured countenance,
The depth and passion of its earnest glance,
But to myself they turned (since none puts by
The curtain I have drawn for you, but I)
And seemed as they would ask me, if they durst,

Fra: 수사(friar)의 이름 앞에 쓰는 칭호 / Will't: Will it의 축약형
by design: 일부러 / durst: dare의 옛 형태

내 전처인 공작 부인

—로버트 브라우닝

저 벽화가 내 전처의 초상화요
마치 살아있는 듯하지 않소.
이제 보니 걸작이구려. 판돌프 수사가
하루 종일 부산히 손을 움직이더니 저렇게 내 전처의 그림이 걸리게 되었소.
앉아서 좀 보겠소? 내 일부러
'판돌프 수사'라고 했소이다.
선생처럼 저 그림을 처음 본 사람들은
저 표정과 진지한 시선 속에 담긴 깊은 열정을 보면
반드시 나를 향해 (선생을 위해 걷은 이 장막은
오직 나만 열 수 있기에)
어떻게 저런 시선이 가능한지 궁금해하는

How such a glance came there; so, not the first
Are you to turn and ask thus. Sir, 'twas not
Her husband's presence only, called that spot
Of joy into the Duchess' cheek: perhaps
Fra Pandolf chanced to say "Her mantle laps
Over my lady's wrist too much," or "Paint
Must never hope to reproduce the faint
Half-flush that dies along her throat": such stuff
Was courtesy, she thought, and cause enough
For calling up that spot of joy. She had
A heart—how shall I say?—too soon made glad,
Too easily impressed; she liked whate'er
She looked on, and her looks went everywhere.

'twas: it was의 축약형 / chance to: (의도하지 않고) 우연히 ~하다
mantle: 망토 / courtesy: 공손함, 예의상 하는 말이나 행동 / whate'er: whatever

표정을 짓기 때문이오, 그럴 용기가 있다면 말이오. 그러니
내게 이렇게 묻는 사람이 당신이 처음은 아니오, 선생.
내 전처의 볼이 저렇게 기쁨으로 홍조를 띠는 것은
남편인 내가 있어서만은 아니었소.
아마 판돌프 수사가 이렇게 말했겠지요, "부인의 망토가
팔목을 너무 많이 가리고 있습니다"라거나
"부인의 목 언저리를 따라 흐르는 엷은 홍조를
그림으로 표현해낼 엄두를 못 내겠습니다"라고.
내 전처는 그런 소리를 공손한 예의로 여겨 저렇게
기쁨의 홍조를 띤 것이오. 어떻게 말할까,
전처는 지나치게 빨리 기뻐하고 쉽게 감명 받는
그런 마음을 지닌 사람이었소. 눈에 보이는 것은
다 좋아했고 그리고 그녀의 눈길이 닿지 않는 곳은 없었소.

Sir, 'twas all one! My favour at her breast,

The dropping of the daylight in the West,

The bough of cherries some officious fool

Broke in the orchard for her, the white mule

She rode with round the terrace—all and each

Would draw from her alike the approving speech,

Or blush, at least. She thanked men,—good! but thanked

Somehow—I know not how—as if she ranked

My gift of a nine-hundred-years-old name

With anybody's gift. Who'd stoop to blame

This sort of trifling? Even had you skill

In speech—(which I have not)—to make your will

Quite clear to such an one, and say, "Just this

Or that in you disgusts me; here you miss,

Or there exceed the mark"—and if she let

Herself be lessoned so, nor plainly set

Her wits to yours, forsooth, and made excuse,

favour: 작은 선물 / officious: 주제 넘는 / approving: 만족스러운, 좋게 여기는
My gift of a nine-hundred-years-old name: 결혼을 하면서 전처가 얻게 된 공
작 가문의 유서 깊은 이름 / stoop: 번거로운 일을 하다
be lessoned: 가르침을 받다 / set her wits to yours: 당신이 한 말에 자기 생각
으로 맞서다 / forsooth: in truth 의 고어

선생, 모든 게 매양 다 같았다오! 그녀 가슴에 달려있는 내가 준 선물이나

서쪽으로 떨어지는 해,

어느 주제넘은 멍청한 놈이 과수원에서 꺾어다 준

벚나무 가지, 테라스 주위로

그녀가 타고 다니던 흰 노새가. 이 모든 것에

그녀는 똑같이 찬사를 보냈고 하다못해

홍조라도 띠었소. 그녀는 사람들에게 감사했는데—허! 아무튼

감사했소—어찌 그럴 수 있는지 이해는 안 되오만—마치 900년 역사를 지닌

가문의 이름을 갖게 해 준 내 선물과 아무개의 선물을

똑같이 놓고 보는 것 같았소. 누가 그런 사소한 걸

귀찮게 나무라겠소? 설사 당신이

그런 사람에게 말을 알아듣게 하는 말재주가 있어서

(내게 그런 재주는 없소이다만) "당신의

이런저런 점이 내게는 역겹소, 여기는 모자라고

저기는 지나치는구려"라고 말하고 그녀가 그 질책을 받아들여

말대꾸 없이 사과를 한다 해도.

—E'en then would be some stooping; and I choose

Never to stoop. Oh sir, she smiled, no doubt,

Whene'er I passed her; but who passed without

Much the same smile? This grew; I gave commands;

Then all smiles stopped together. There she stands

As if alive. Will't please you rise? We'll meet

The company below, then. I repeat,

The Count your master's known munificence

Is ample warrant that no just pretence

Of mine for dowry will be disallowed;

Though his fair daughter's self, as I avowed

At starting, is my object. Nay, we'll go

Together down, sir. Notice Neptune, though,

Taming a sea-horse, thought a rarity,

Which Claus of Innsbruck cast in bronze for me!

whene'er: whenever / will't: will it / munificence: 후함 / pretence: 요구
warrant: guarantee, 보증서 / Neptune: 청동상 넵튠. Neptune은 그리스 신화의
바다의 신인 Poseidon의 로마식 이름
taming: 길들이는 / cast in bronze: 청동으로 부어 만든

—그래도 그건 귀찮은 일일 것이오. 나는 귀찮게

그런 일은 하지 않을 것이오. 오, 선생, 내가 지나갈 때면 그녀는

어김없이 웃었소. 그러나 누가 지나간들 그만한 미소를

보이지 않았겠소? 웃음이 점점 심해져서 내 명령을 내렸더니

그러자 그녀의 웃음이 일절 그쳤소. 저기

살아있는 것 마냥 서 있구려. 일어나겠소? 이제 우리

아래층에 있는 사람들을 만나봅시다. 거듭 말하건대

선생의 주인 되시는 관대하기로 소문난 백작님께서

내 적절한 결혼지참금 요구를

반드시 허락하시리라 믿소.

물론, 서두에 밝혔듯이, 그 집안의 어여쁜 따님이

내 목적이긴 하지만. 아니, 함께 내려가시지요, 선생.

저기 해마를 길들이는

넵튠상을 보시오, 진귀한 작품이지요.

인스브룩의 클러즈가 날 위해 만들어 준 청동상이라오!

이 시는 셰익스피어와 존 단의 시에서 볼 수 있는 드라마틱 모노로그(Dramatic Monologue)의 기법을 가장 정교한 형태로 완성한 작품이다. 실화를 바탕으로 한 작품으로, 전처를 설명하는 공작의 말을 통해 독자들은 공작이 공작 부인의 요절에 직접적인 관련이 있다는 것과 소유욕이 강하며 사람을 조종하고 지배하고자 하는 성향의 인물이라는 사실을 알게 된다. 공작은 예술작품에 대한 안목을 지니고는 있으나 인간에 대한 윤리적 의식과 따뜻함은 결여하고 있다.

A Birthday

—Christina Rossetti (1830-1894)

My heart is like a singing bird
Whose nest is in a water'd shoot;
My heart is like an apple-tree
Whose boughs are bent with thick-set fruit;
My heart is like a rainbow shell
That paddles in a halcyon sea;
My heart is gladder than all these,
Because my love is come to me.

Raise me a daïs of silk and down;
Hang it with vair and purple dyes;
Carve it in doves and pomegranates,
And peacocks with a hundred eyes;
Work it in gold and silver grapes,
In leaves and silver fleurs-de-lys;
Because the birthday of my life
Is come, my love is come to me.

water'd: 물 오른 / paddle: 물장난 치다 / halcyon: 잔잔한 / dais: 연단
vair: 다람쥐 털 / pomegranate: 석류 / fleurs-de-lys: 백합

생일

—크리스티나 로제티

내 마음은 물오른 가지에 둥지를 틀고
노래하는 새와 같아요
내 마음은 가지가 휘어지도록
주렁주렁 사과가 달린 사과나무와 같아요
내 마음은 잔잔한 바다에서 물장난치는
무지개 조가비 같아요.
내 마음은 이 모두보다 더욱 행복해요.
내 사랑하는 이가 오셨으니까요.

비단과 털로 된 연단을 만들어 주세요.
다람쥐 털을 덧댄 보라색 비단을 늘어뜨려 주세요.
비단에는 비둘기, 석류, 백 개의 눈을 가진
공작무늬를 넣고요.
황금색 포도와 은색 포도를,
은색 백합꽃과 잎사귀를 수놓아 주세요.
사랑하는 이가 내게 오셨어요
내 인생이 새로 시작되는 생일이니까요.

크리스티나 로제티는 런던의 예술가 집안에서 태어났다. 유명한 시인이자 화가인 단테 가브리엘 로제티가 그녀의 오빠이다. 이 시는 신에게 바치는 로제티의 사랑을 노래하고 있지만, 사랑하는 사람을 만난 날이 새로 태어난 생일이라는 낭만적인 사랑의 시로 읽을 수도 있다.

Up-Hill

—Christina Rossetti (1830-1894)

Does the road wind up-hill all the way?
 Yes, to the very end.
Will the day's journey take the whole long day?
 From morn to night, my friend.

But is there for the night a resting-place?
 A roof for when the slow dark hours begin.
May not the darkness hide it from my face?
 You cannot miss that inn.

Shall I meet other wayfarers at night?
 Those who have gone before.
Then must I knock, or call when just in sight?
 They will not keep you standing at that door.

Shall I find comfort, travel-sore and weak?
 Of labor you shall find the sum.
Will there be beds for me and all who seek?
 Yea, beds for all who come.

wind: 길이 구불구불하다 / morn: morning의 시적인 표현 / a roof: 집을 나타
내는 표현. 부분으로 전체를 표현하는 제유법(synecdoche) / May not the dark-
ness hide it from my face?: 어둠을 의인화(personification)한 표현 / wayfar-
ers: 길손들. 나그네들 / travel-sore: 여행에 지친 / sum: 합계, 계산 the sum of
labor는 이생에서 겪은 노고의 댓가를 의미 / yea: yes의 옛 형태

오르막

―크리스티나 로제티

이 길은 내내 굽이굽이 오르는 오르막인가요?
그럼, 끝까지 오르막이지.
오늘 여행은 하루 종일 걸리나요?
아침에 시작해서 밤에나 끝난다네.

밤에 쉴 곳은 있겠죠?
어둠이 서서히 내릴 때쯤에는 쉴 곳이 있지.
어두워서 제가 찾지 못할 수도 있을까요?
쉴 곳을 놓치는 일은 없다네.

밤이 되면 다른 여행자들도 만나겠네요?
먼저 길 떠났던 사람들을 만나게 되지.
문을 두드려야 하나요, 그곳이 보이면 불러야 하나요?
문밖에 서 있도록 내버려두지는 않는다네.

여행에 지쳐 피곤하고 힘이 없을 때 편히 쉴 수 있을까요?
그 노고의 대가를 받게 된다네.
편히 쉬길 원하는 모든 이들과 저에게 잠자리는 충분할까요?
그럼, 누구든 오기만 하면 잠자리는 준비되어 있지.

인생을 힘들지만 끝이 있는 하룻길 오르막 여정에 비유하고, 삶을 성실히 살아 온 사람들에겐 그 여정이 끝나는 곳에 그들의 노고에 걸맞는 대가와 안식이 준비되어 있다는 내용을 담은 종교적인 시다.

The Lake Isle of Innisfree

—William Butler Yeats (1865-1939)

I will arise and go now, and go to Innisfree,
And a small cabin build there, of clay and wattles made:
Nine bean-rows will I have there, a hive for the honey-bee,
And live alone in the bee-loud glade.

And I shall have some peace there, for peace comes dropping slow,
Dropping from the veils of the morning to where the cricket sings;
There midnight's all a glimmer, and noon a purple glow,
And evening full of the linnet's wings.

I will arise and go now, for always night and day
I hear lake water lapping with low sounds by the shore;
While I stand on the roadway, or on the pavements grey,
I hear it in the deep heart's core.

lake isle: 호수 섬, 호수 가운데 있는 작은 섬 / Innisfree: 아일랜드의 락 길(Lough Gill)에 위치한 섬 / wattle: 윗가지 / glade: 숲속의 빈 터 / peace comes dropping slow: 추상적 개념을 보고 만질 수 있는 흐름의 이미지로 전달. 공감각적 표현 / from the veils of the morning to where the cricket sings: 시간과 공간의 이미지를 결합시키고 이 또한 시각과 청각의 이미지로 전달함으로써 공감각적 표현을 이루어내고 있다. / lap: (파도나 물이) 찰싹 거리다. / core: 속, 중심. / heart's core: 가장 깊은 내면

이니스프리 호수 섬

—윌리엄 버틀러 예이츠

나 이제 일어나 가리, 이니스프리로 가리.
그곳에 진흙과 욋가지 엮어 작은 오두막 한 채 지으리.
아홉 줄 밭이랑 일구며, 꿀벌 통 하나 놓고
꿀벌 소리 요란한 숲속의 빈터에서 홀로 살리.

나 거기서 평화를 누리리, 아침의 장막으로부터 귀뚜라미 우는 곳까지
평화가 서서히 방울져 내리는 그곳에서.
자정은 온통 깜빡거리는 불빛으로, 정오는 온통 자줏빛 광채로 가득하고
저녁은 방울새 날갯짓 가득한 곳.

나 이제 일어나 가리, 밤이나 낮이나,
호숫가에 나지막이 찰싹거리는 물소리 들려오니.
길이나 회색빛 포도 위에 서 있을 때,
가슴 깊은 속에서 나, 그 소리 듣네.

예이츠는 아일랜드의 시인이자 극작가이며 민족운동가다. 그레고리 여사(Lady Gregory)와 더불어 아일랜드 문예 부흥을 이끌고 애비 극장(Abbey Theatre)을 설립했으며 아일랜드 출신으로서는 최초로 노벨 문학상을 수상했다. 예이츠의 초기 시에 속하는 이 시는 도시의 한복판에 서서 평화롭고 조용한 목가적인 삶을 열망하는 현대인의 내면을 그리고 있다.

When You Are Old

—William Butler Yeats (1865-1939)

When you are old and gray and full of sleep,
And nodding by the fire, take down this book,
And slowly read, and dream of the soft look
Your eyes had once, and of their shadows deep;

How many loved your moments of glad grace,
And loved your beauty with love false or true,
But one man loved the pilgrim soul in you,
And loved the sorrows of your changing face;

And bending down beside the glowing bars,
Murmur, a little sadly, how Love fled
And paced upon the mountains overhead
And hid his face among a crowd of stars.

grace: 호감 / pilgrim: 방랑하는 / glowing: 달아오른 /bars: 난롯가의 창살

그대 늙고…

―윌리엄 버틀러 예이츠

그대 늙고 반백이 되어, 졸음이 쏟아져
난로 가에서 꾸벅거릴 때 이 책을 꺼내
천천히 읽으며, 한때 빛나던 그대의
부드러운 눈빛과 깊은 그늘을 꿈꾸시길.

그대가 호감을 보인 행복한 순간을 얼마나 많은 사람들이 사랑했고,
아름다운 그대에게 진실한 혹은 거짓된 사랑을 바쳤던가,
그러나 방랑하는 그대 영혼을 사랑하고
세월에 변해가는 그대 얼굴에 담긴 슬픔도 사랑했던 한 사람이 있으니,

달아오른 난롯가의 창살 옆에 몸을 구부리고
약간 슬픈 목소리로 중얼거리시오.
도망간 사랑이 높은 산 위를 걸어 다니다가
수많은 별 사이로 그 얼굴을 감추었다고.

화자는 연인에게 자신의 사랑을 기억해달라고 한다. 1연에서 연인은 "늙고 반백이
며", "졸음이 쏟아지고," 천천히 책을 읽는 등 편안하고 나른한 분위기이다. 2연에서
는 "우아하게 빛나는" 그대를 사랑하는 사람들과 그녀의 "영혼의 방랑정신"과 "슬픔"
까지 사랑하는 자신을 대조한 후 자신을 기억해달라고 부탁한다. 이어서 그는 인내
심을 가지고 그녀의 사랑을 기다렸으나 무시당했고 마침내 밤하늘의 별 사이의 "진
실한" 혹은 "거짓된" 사랑들 중 하나로 잊혔다고 말한다. 슬픔에 찬 회상 시의 형식
을 띠고 있지만 실제로 이 시는 나이 든 후 후회하는 여성을 묘사하기 보다는 자신
의 사랑을 받아들이지 않아 나중에 후회하는 일이 없기를 바란다는 뜻을 담고 있다.

He Wishes for the Cloths of Heaven

—William Butler Yeats (1865-1939)

Had I the heavens' embroidered cloths,
Enwrought with golden and silver light,
The blue and the dim and the dark cloths
Of night and light and the half light,
I would spread the cloths under your feet:
But I, being poor, have only my dreams;
I have spread my dreams under your feet;
Tread softly because you tread on my dreams.

He Wishes for the Cloths of Heaven

embroidered: 수놓은 / being poor: 가난하기 때문에 / tread: 밟다

하늘로 만든 천이 있다면

—윌리엄 버틀러 예이츠

내게 황금색 실과 은색 실로
수놓은 하늘로 만든 천이 있다면,
밤의 검은 천, 여명의 흐린 색 천,
밝은 낮의 파란색 천이 있다면
그대 발밑에 깔아주고 싶소.
하지만 가난한 내게는 꿈밖에 없으니,
그대 발밑에 꿈을 깔겠소.
그대 사뿐히 밟으소서, 내 꿈을 밟는 것이니.

하늘로 만든 천을 갖게 된다면 사랑하는 이의 발밑에 깔아주고 싶다는 소망을 담은 시이다. 이 천이 황금색, 은색, 파란색 등으로 시각화되어 있다.

미국시

To My Dear and Loving Husband

—Anne Bradstreet (c. 1612-1672)

If ever two were one, then surely we.

If ever man were loved by wife, then thee;

If ever wife was happy in a man,

Compare with me ye women if you can.

I prize thy love more than whole mines of gold,

Or all the riches that the East doth hold.

My love is such that Rivers cannot quench,

Nor ought but love from thee, give recompence.

Thy love is such I can no way repay.

The heavens reward thee manifold, I pray.

Then while we live, in love lets so persever,

That when we live no more we may live ever.

prize: 존중하다, 소중히 여기다 / the East: 동양(방), 아시아

persever: (persevere) 인내하다, 견뎌내다, 꾸준히 이어가다

사랑하는 저의 소중한 남편에게

—앤 브래드스트리트

만일 둘인데 하나인 것이 있다면, 그것은 바로 우리입니다.

만일 아내한테 사랑을 받는 남자가 있다면, 그분은 바로 당신입니다.

만일 남편의 사랑으로 행복한 적이 있으시다면,

여성들이여, 저와 한 번 비교해 보세요.

저는 이 세상 모든 금광보다, 아니면 모든 동방의 재물보다,

당신의 사랑을 더 소중히 여깁니다.

제 사랑은 온 강물로도 끌 수 없는 그런 사랑입니다,

또한 제게 보상을 줄 수 있는 것은 당신의 사랑 말고는 없습니다.

당신의 사랑은 제가 무슨 수를 써도 갚을 수 없는 그런 사랑이기에,

저는 하느님께서 당신의 사랑을 몇 배로 보상해 주시길 기도합니다.

그러므로 이 세상에 살아있는 동안 우리 열렬히 사랑해야 합니다,

혹 우리가 더는 살 수 없게 될지라도 우리가 영원히 살 수 있도록 말입니다.

영국에서 태어난 앤 브래드스트리트는 1630년에 미국 매사추세츠 만 식민지 총독으로 근무한 아버지와 남편을 따라 아라벨라(Arabella)호를 타고 미국으로 이민 온 청교도였다. 유복한 환경에서 자란 시인은 어려서부터 역사, 언어, 문학 등의 교육을 받은 신여성이었다. 1650년에 시집 《열번 째 뮤즈*Tenth Muse*》를 런던에서 발표함으로써 브래드스트리트는 영국과 미국 두 곳에서 출간을 한 미국의 첫 번째 여류 시인이 된다. "사랑하는 제 소중한 남편에게"는 현재의 남편에 대한 헌신적이고 순종적인 사랑의 기쁨을 노래하고 있다.

Annabel Lee

—Edgar Allan Poe (1809-1849)

It was many and many a year ago,
 In a kingdom by the sea,
That a maiden there lived whom you may know
 By the name of Annabel Lee;
And this maiden she lived with no other thought
 Than to love and be loved by me.

I was a child and she was a child,
 In this kingdom by the sea:
But we loved with a love that was more than love--
 I and my Annabel Lee;
With a love that the winged seraphs of heaven
 Coveted her and me.

And this was the reason that, long ago,
 In this kingdom by the sea,
A wind blew out of a cloud, chilling
 My beautiful Annabel Lee;
So that her highborn kinsman came
 And bore her away from me,
To shut her up in a sepulchre
 In this kingdom by the sea.

maiden : 처녀, 소녀 / seraph: 천사 / sepulchre: 무덤

애너벨 리

—에드거 앨런 포

아주 아주 오래전
바닷가 왕국에
한 소녀가 살았지.
애너벨 리라는 이름의 소녀.
그 소녀는 나를 사랑하고 나의 사랑만
생각하고 살았네.

그 바닷가 왕국에서는
나도 그녀도 어린아이였다네
하지만 우리, 나와 애너벨리는
사랑보다 더 지극한 사랑을 했다네.
우리의 사랑을 본 하늘나라 천사가
그녀와 나를 질투했네.

오래전 이 바닷가 왕국에
구름이 몰려오고 바람이 불어와
아름다운 나의 애너벨 리가
싸늘하게 굳어버린 것도
바로 그 때문이었다네.
귀족 친척이 와
그녀를 멀리 데려가 바닷가 왕국
무덤 속에 가두어 버렸네.

The angels, not half so happy in heaven,
 Went envying her and me—
Yes!—that was the reason (as all men know,
 In this kingdom by the sea)
That the wind came out of the cloud by night,
 Chilling and killing my Annabel Lee.

But our love it was stronger by far than the love
 Of those who were older than we—
 Of many far wiser than we—
And neither the angels in heaven above,
 Nor the demons down under the sea,
Can ever dissever my soul from the soul
 Of the beautiful Annabel Lee:

For the moon never beams, without bringing me dreams
 Of the beautiful Annabel Lee;
And the stars never rise, but I feel the bright eyes
 Of the beautiful Annabel Lee;
And so, all the night-tide, I lie down by the side
Of my darling—my darling—my life and my bride,
 In her sepulchre there by the sea,
 In her tomb by the sounding sea.

dissever: 갈라놓다. / night-tide: 밤 파도 / sounding: 소리 들리는

하늘나라에 살면서도 우리의 반만큼도 행복하지 않던
천사들이 나와 그녀를 시샘했다네.
그래! 구름이 몰려오고 바람이 불어
나의 애너벨 리가 싸늘하게 죽어간 것도
바로 그래서였다네 (이 바닷가
왕국에서는 모두가 알고 있듯이).

하지만 우리 사랑은 나이 든 이들의
사랑보다, 훨씬 현명한 이들의
사랑보다 더 깊었다네.
하늘나라의 천사들도
바닷속의 악마들도
나와 아름다운 애너벨 리의 영혼을
갈라놓지 못했다네.

달빛이 비칠 때마다 아름다운 애너벨 리
꿈을 꾼다네.
그리고 별이 뜰 때마다 아름다운 애너벨 리의
빛나는 눈을 느낀다네.
그래서 파도치는 밤, 밤이 새도록 거기 그 바닷가
그녀의 무덤 속, 파도 소리 들리는 그 바닷가의
무덤 속에 누워있다네.
내 사랑, 내 사랑, 내 생명, 내 신부 옆에 누워있다네.

에드거 앨런 포는 19세기 미국의 대표적인 시인이자 단편소설 작가이다. 이 시에서 포
는 "가장 시적인 주제"라고 한 "아름다운 여인의 죽음"을 다루고 있다. 그는 천사가
그녀를 죽였다고 하는 표현을 반복하여 사용하는 가운데 견딜 수 없는 자신의 상실
감을 표현하고 있다. 자신의 사랑으로 자신과 애너벨 리의 영혼은 갈라지지 않고 하
나로 결합되어 늘 함께하리라는 말 속에서는 죽음에 대한 욕망이 느껴지기도 한다.

Song of Myself

—Walt Whitman (1819-1892)

1

I celebrate myself, and sing myself,

And what I assume you shall assume,

For every atom belonging to me as good belongs to you.

I loafe and invite my soul,

I lean and loafe at my ease observing a spear of summer grass.

My tongue, every atom of my blood, form'd from this soil, this air,

Born here of parents born here from parents the same, and their
parents the same,

I, now thirty-seven years old in perfect health begin,

Hoping to cease not till death.

Creeds and schools in abeyance,

Retiring back a while sufficed at what they are, but never forgotten,

I harbor for good or bad, I permit to speak at every hazard,

Nature without check with original energy.

loaf: 빈둥대다 / creed: 신조 / school: 학파 / retire: 물러서다 / harbor: 정박하
다 / hazard: 위험

나 자신의 노래

—월트 휘트먼

1

나는 나를 축복하고 나를 노래한다.
그리고 내 모습은 곧 그대 모습이 되리라.
내 몸의 원자 하나하나가 곧 그대의 것이니.
나는 빈둥대며 내 영혼을 부른다.
나는 편안하게 빈둥대며 몸을 굽혀 여름 풀잎을 관찰한다.

내 혀, 내 피의 원자 하나하나가 이 흙, 이 공기로 만들어졌고,
여기서 태어난 부모가 나를 낳았다. 조부모 역시 여기서 태어난
증조부모가 낳았고 증조부모 역시 마찬가지이다.
완벽하게 건강한 서른일곱 살인 나는,
죽을 때까지 멈추지 않기를 바라며 이제 시작한다.

신조와 학파는 잠시 제쳐놓자.
신조와 학파를 현재 상태로 만족하고 잠시 뒤로 물러서지만, 결코 그 문제
를 잊지는 않으리라.
제약받지 않고 원초적 에너지를 뿜어내는 자연인 나는
때로는 선을 때로는 악을 맛보기 위해 멈추지만, 어떠한 위험을 무릅쓰고
라도 할 말을 하겠노라.

19세기 미국의 국민 시인이라고 할 수 있는 월트 휘트먼은 자유시의 개척자이자 신
세계 인물의 한 전형을 그려낸다. 이 시에서 나는 개인이며 동시에 국가이며, 자연이
기도 하다. 시인은 경계를 넘어서 다른 사람이 되고 다른 사물이 되기도 한다. 나는
나 자신에 대해서 말하지만 이는 곧 모든 사람들에 대해서 말하는 것이고, 내가 취
하는 형태를 독자도 취할 것이며 나아가 나의 원자 하나하나가 독자의 것이 되리라
고 이야기한다. "죽을 때까지 멈추지 않고" 끊임없이 나아가며 자신을 "제약받지 않
고 원초적 에너지를 뿜어내는" 자연과 동일시한다.

For You, O Democracy

—Walt Whitman (1819-1892)

Come, I will make the continent indissoluble,
I will make the most splendid race the sun ever shone upon,
I will make divine magnetic lands,
With the love of comrades,
With the life-long love of comrades.

I will plant companionship thick as trees along all the rivers of America,
and along the shores of the great lakes, and all over the prairies,
I will make inseparable cities with their arms about each other's necks,
By the love of comrades,
By the manly love of comrades.

For you these from me, O Democracy, to serve you ma femme!
For you, for you I am trilling these songs.

magnetic: 매력적인 / plant: 심다 / inseperable: 분리될 수 없는

ma femme: 프랑스어로 나의 여인. 내 사랑 / trill: 노래하다

그대, 오, 민주주의여

—월트 휘트먼

나, 이제 영원히 이 대륙이 분열되지 않게 만들리라,
이 지상에서 가장 찬란한 민족을 만들리라,
이 땅을 신성하고 매력적인 땅으로 만들리라,
동지들의 사랑으로
동지들의 평생 사랑으로.

나, 촘촘하게 나무를 심듯이 동지애를 심으리라
미국의 강가에, 모든 거대한 호숫가 주변에, 대초원이 뒤덮이도록
동지애를 심으리라.
도시들이 서로 목을 끌어안고 분열되지 않게 만들리라,
동지들의 씩씩한 사랑으로
동지들의 사랑으로.

오, 민주주의여, 나 그대에게 이 사랑을 바치노라! 내 사랑 그대를 섬기기 위해.
그대, 그대를 위해 나 이 노래를 부르노라.

이 시가 쓰인 시기는 남북전쟁 직후로 남부인이나 북부인 모두 또 다시 분열되는데
대해 깊은 문화적인 두려움을 지니고 있다. 휘트먼의 "이 대륙이 분열되지 않게 하리
라"라는 말도 이런 맥락에서 읽혀야 한다. 시인은 씩씩한 동지애가 미합중국의 통일
을 영원하게 하고 민주주의를 가져오리라고 생각한다.

Hope

—Emily Dickinson (1830-1886)

Hope is the thing with feathers

That perches in the soul,

And sings the tune--without the words,

And never stops at all,

And sweetest in the gale is heard;

And sore must be the storm

That could abash the little bird

That kept so many warm.

I've heard it in the chillest land,

And on the strangest sea;

Yet, never, in extremity,

It asked a crumb of me.

perch: 가볍게 내려앉다 / gale: 질풍 / sore: 매우 극심한 / abash: 당황하게하다

희망

—에밀리 디킨슨

희망은 깃털이 있다네,
영혼의 가지에 앉아서
가사 없는 곡조를 노래하고
그 노래 결코 멈추지 않는다네.

강풍이 불 때 가장 감미로운 노래를 부르지,
많은 이들 따뜻하게 지켜주었던 그 작은 새는
매서운 폭풍이나 불어야
노래를 멈출까.

가장 추운 땅에서도
가장 낯선 바다에서도 그 노래 들었지,
그러나 극한의 상황에서도 그 작은 새는
빵부스러기 하나 요구하지 않는다네.

에밀리 디킨슨은 19세기 미국시인으로서 미국문학의 르네상스를 이끈 시인 중 하나로 꼽힌다. 평생 미혼으로 생을 마감했고, 뉴잉글랜드의 자택을 거의 벗어난 적이 없는 칩거의 삶을 살았다. 신과 자연, 사랑 그리고 죽음을 주로 다루는 그녀의 시는 시대를 넘어서는 독특한 시작법과 인생의 본질을 꿰뚫는 깊은 통찰력, 그리고 독특한 시각으로 인해 그녀만의 고유한 시세계를 형성하고 있다. 이 시는 새를 희망의 메타포로 사용하고 있다. 인생의 가장 어둡고 고통스러운 순간에도 희망은 그 노래를 그치지 않고 아무런 대가도 바라지 않는다는 내용의 시다.

I Heard a Fly Buzz When I Died

—Emily Dickinson (1830-1886)

I heard a fly buzz when I died;
The stillness round my form
Was like the stillness in the air
Between the heaves of storm.

The eyes beside had wrung them dry,
And breaths were gathering sure
For that last onset, when the king
Be witnessed in his power.

I willed my keepsakes, signed away
What portion of me I
Could make assignable,—and then
There interposed a fly,

With blue, uncertain, stumbling buzz,
Between the light and me;
And then the windows failed, and then
I could not see to see.

form: 시신, soul과 대비되는 의미로서 / heave: 몰아침, 들썩거림
onset: 시작, 개시 / last onset: 마지막 시작이라는 의미로 모순어법(oxymoron)
keepsakes: (고인을 기억할 수 있는) 유품, 기념품
portion: 몫으로서 여기서는 처분 가능한 재산이나 물건
blue, uncertain, stumbling: 모두 불확실성과 불길함을 전달하는 단어들
fail: 흐릿해지다. 시력이 떨어지면서 창문의 형태가 불명료해지는 것을 의미

나 죽을 때 파리가 윙윙 거리는 소리를 들었지

—에밀리 디킨슨

나 죽을 때 파리가 윙윙 거리는 소리 들었지.
내 시신을 둘러싼 고요는
몰아치는 폭풍들 사이의
고요한 대기와 같았어.

곁에 있는 사람들, 눈물을 다 흘려 눈은 마른 채,
숨은 들이 쉰 채로
권능의 왕을 보게 될
그 마지막 시작을 기다렸지.

나를 기억할 만한 물건들을 물려주고,
내가 나눠줄 수 있는 몫을
처분했어. —그러자
파리 한 마리가 끼어들었다네,

푸르스름하고, 모호하고, 더듬대는 윙윙 소리를 내며
빛과 나 사이로.
그러더니 창문이 흐려졌고, 그러고 나선
나는 보려고 해도 볼 수가 없었다네.

이미 죽은 화자가 자신이 죽던 순간을 회고한다는 독특한 설정이 특징적인 시로서 19세기 뉴잉글랜드 사람들이 갖고 있던 죽음에 대한 생각을 뒤집고 도전하는 시다. 그들은 죽는 사람의 영혼이 신의 영접을 받는다는 믿음을 갖고 있었으나, 디킨슨은 이 시에서 철저한 물리적 현실이 죽음 이후에 따라올 것이라는 암시를 하고 있다.

Success is Counted Sweetest

—Emily Dickinson (1830-1886)

Success is counted sweetest
By those who ne'er succeed.
To comprehend a nectar
Requires sorest need.

Not one of all the purple host
Who took the flag to-day
Can tell the definition,
So clear, of victory!

As he, defeated, dying,
On whose forbidden ear
The distant strains of triumph
Burst agonized and clear!

count: 간주하다, 여기다 / sorest: sore의 최상급으로 '가장 극심한' 이라는 의미
purple: 전장에서 흘린 피에 젖어 물든 옷을 의미 / strain: 곡조, 가락

성공은 가장 달콤한 것

—에밀리 디킨슨

심한 갈증이 있어야
과즙의 맛을 충분히 알 수 있듯이
성공은, 성공을 맛보지 못한 이들에게
가장 달콤한 것.

오늘 승리의 깃발을 취한
자줏빛 옷 입은 무리는 그 누구도
승리의 의미를 그토록
분명하게 말할 수는 없으리!

패배한 채 죽어가는 군사만큼은!
그의 희미해지는 귓전에
멀리서 들려오는 승리의 가락은
고통스러우리만치 명료하게 울려오네.

성공과 승리는 그것을 누릴 수 없는 사람에게 가장 값진 것이라는 인생의 진리를
노래하면서, 가질수 없을 때 그것의 가치가 더욱 절실하게 깨달아지는 인간의 욕
망에 대한 진실을 전한다.

Love Is Not All

—Edna St. Vincent Millay (1892-1950)

Love is not all: it is not meat nor drink
Nor slumber nor a roof against the rain;
Nor yet a floating spar to men that sink
And rise and sink and rise and sink again;
Love can not fill the thickened lung with breath,
Nor clean the blood, nor set the fractured bone;
Yet many a man is making friends with death
Even as I speak, for lack of love alone.

It well may be that in a difficult hour,
Pinned down by pain and moaning for release,
Or nagged by want past resolution's power,
I might be driven to sell your love for peace,
Or trade the memory of this night for good.
It well may be. I do not think I would.

slumber: 잠 / a floating spar: 물에 떠 있는 통나무. 배의 돛에 쓰이는 둥근 재목
thickened lung: 굳어버린 폐. 기능을 못하게 된 폐
for lack of love alone: 사랑을 갖지 못했다는 이유 하나만으로
pinned down: (비유적 표현) 핀으로 찔러 고정시키다
moaning for release: 벗어나기 위해 끙끙거리다 / nagged: 괴롭힘을 당하는
want past resolution's power: 결심의 힘을 넘어서는 결핍. 결심을 꺾을 수밖에
없을 정도로 심한 결핍의 상태.

사랑이 전부는 아니에요

—에드나 세인트 빈센트 밀레이

사랑이 전부는 아니에요. 먹을 것도 마실 것도 물론 아니지요
사랑은 달콤한 잠도 아니고, 비를 막아 줄 지붕도 아니에요.
사랑은 가라앉았다가 떠오르고 가라앉았다가 다시 떠오르는
물에 빠진 사람들의 목숨을 구해주는 떠다니는 통나무도 아니고요.
사랑은 굳어버린 폐에 숨을 채워주지 못하고
피를 깨끗하게 하지도, 부러진 뼈를 맞추지도 못하지요.
하지만 이 말을 하는 지금 이 순간에도 단지 사랑이 없다는 이유로
너무나 많은 사람들이 죽음을 친구로 삼으려 하죠.

혹 모르겠어요. 제가 힘들 때,
저를 짓누르는 고통에서 벗어나려고 신음하고,
결단력으로도 이겨낼 수 없는 결핍으로 힘들어 하게 될 때,
저 또한 당신 사랑을 팔아 평안을 구하려고 하거나
이 밤의 추억을 먹을 것과 바꾸고 싶어 할 지를요.
아마 그럴 수도 있을 거예요. 그러리라고 생각하고 있지는 않지만.

에드나 세인트 빈센트 밀레이는 미국의 시인이자 극작가. 일반적으로 서정 시인으로 알려졌지만 정치, 사회 문제에도 관심을 보여 당시 살인 혐의를 받던 이탈리아 이민자 출신 좌파 노동운동가들인 사코(Nicola Sacco)와 반제띠(Batolomeo Vanzetti) 구명운동을 벌였고 스페인 내전 동안에는 파시스트파 진영과 맞서 싸웠던 공화파 시민군을 지지했고 독일의 나치즘을 반대했다. 대담하고 솔직한 감정표현과 시대에 맞지 않는 자유 사상과 성 모럴을 생활 속에서 실천하며 살았다. "사랑이 전부는 아니에요"는 사랑이 실생활에서의 기본적 욕구를 해소해 주는 것은 아니라고 반복적으로 주장하지만 끝에 가서는 사랑이 삶의 전부라고 결론을 내린다. "사랑이 전부는 아니다"라는 처음의 부정은 사랑의 가치와 의미를 절대적으로 강조하는 절대적인 긍정으로 바뀐다.

Pity Me Not

—Edna St. Vincent Millay (1892-1950)

Pity me not because the light of day

At close of day no longer walks the sky;

Pity me not for beauties passed away

From field and thicket as the year goes by;

Pity me not the waning of the moon,

Nor that the ebbing tide goes out to sea,

Nor that a man's desire is hushed so soon,

And you no longer look with love on me.

This have I known always: Love is no more

Than the wide blossom which the wind assails,

Than the great tide that treads the shifting shore,

Strewing fresh wreckage gathered in the gales:

Pity me that the heart is slow to learn

What the swift mind beholds at every turn.

thicket: 덤불. 관목 숲 / wane: 달이 이지러지다. 기울다 / ebbing tide: 썰물
hush: 조용하게 하다. 가라앉히다 / assail: 공격하다
shifting shore: 밀물과 썰물이 나들어 변하는 해안선 / strewing: 흩뿌리는
wreckage: (난파선의) 잔해 / gale: 강풍. 거센 바람
at every turn: 어디서나. 언제나. 매 국면(상황)마다

　　저를 가엾게 여기진 마셔요

—에드나 세인트 빈센트 밀레이

저를 가엾게 여기진 마셔요
하루가 저물어 낮의 빛 더 이상 하늘 위를 걸어 다니지 않아도.
저를 가엾게 여기진 마셔요
한 해가 저물어 들판과 숲의 아름다움이 사라져도.
저를 가엾게 여기진 마셔요
달이 이지러지고 썰물이 바다로 빠져나가도,
한 남자의 욕망이 그토록 쉬 사그라져
당신이 사랑의 눈길을 제게 더 이상 보내지 않는다 해도.
저를 가엾게 여기진 마셔요
저는 알고 있어요. 사랑이란 활짝 피었다가도
바람 한번 불면 속절없이 지고 마는 꽃과 같다는 것을요,
강풍으로 떠 밀려온 새로운 난파선 잔해를 흩뿌리며
해안을 나드는 파도에 지나지 않음을요.
머리가 재빨리 알아채는 것을
가슴은 언제나 늦게 배운다는 것만, 그것만 가엾게 여기셔요.

"저를 가엾게 여기지 마셔요"는 사랑의 변덕과 속절없음을 자연현상의 변화에 비유하고 있다. 사랑이 끝나버렸음을 머리는 잘 알지만 가슴은 여전히 인정하질 못하고 연연해하며 아파한다.

낭만시를 읽다

초판 1쇄 인쇄 2012년 8월 3일
초판 1쇄 발행 2012년 8월 8일

엮은이 강문순·유정화·조애리
편집인 신현부
발행인 모지희
발행처 부북스

주소 100-835 서울시 중구 신당2동 432-1628
전화 02-2235-6041
팩스 02-2253-6042
이메일 boobooks@naver.com

ISBN 978-89-93785-37-1 04080